푸리덤 지음

평범한
흙수저
직장인의
파이어족
도전기

저자소개

푸리덤

대한민국에 평범한 흙수저로 태어났다. 사고 싶은 것 못 사고 먹고 싶은 것 못 먹고 배우고 싶은 것 못해보고 모든지 포기하고 참는 법부터 배웠다. 성인이 되어 취직 한 후에 평생에 쌓였던 물욕이 터져 나왔다. 취직 후 남들에게 보여 지는 물건과 경험에 치중해 살다 보니, 월급보다 많은 돈을 카드대금으로 지불했다. 들어오는 돈은 족족이 흔적도 없이 사라졌다. 30이 넘고 재취업해 시작한 새로운 직장에서는 200도안되는 급여와 늙어가는 초라한 내 자신만 남아있었다.

반 지하 월세 방을 전전하며 매일 지옥 같은 직장을 출근하던 어느 날 더 이상 이렇게 살수는 없다는 생각이 들었다. 더럽고 치사한 직장에서 하루빨리 탈출하기로 결심한다. 의식주만 해결되면 직장에 나가지 않고도 뭐라도 하며 살 수 있을 거라는 막연한 생각이 들었다.

"그래! 내가 마음 편히 살 수 있는 내 집을 사자. 자유롭게 여행 다닐 수 있는 차를 사자. 초라해지지 않을 만큼을 돈을 모으자. 1억쯤이면 되겠지?" 출근길에 떠올랐던 생각을 글로 옮겨 적었다. 그리고 경제적 자유를 달성하게 해주는 것이라면 무엇이든지 죽자 살자 이것저것 닥치는 대로 시도해봤다. 이렇게 나는 나를 직장인 라는 감옥에서 FIRE하는(해고) FIRE족 프로젝트를 시작했다. 매일 매일 이 목표를 이루기 위해 맨땅에 헤딩한지 6년이 지난 지금 여러 시행착오 끝에 결국 나는 집을 샀고, 새 차를 샀다. 그리고 현금 1억 이상을 모았다. 이제 나는 무엇이든 할 수 있을 것이라는 용기가 생겼다. 진정으로 내 삶을 살아갈 수 있는 용기!

- 컨설팅 및 비즈니스 문의: pepy24@naver.com

서문

Ⅰ. 아침에 눈을 떴는데 회사 가기가 죽기보다 싫었다. 아침 9시 전부터 울려오는 전화소리가 두려웠다. 게다가, 매일 처리해야 할 컴플레인이 하루에도 수백 건이었다. 집요했던 직속상사의 실적 압박과 과도한 친절함의 강요는 나를 미치게 만들었다. 이러한 업무를 20대 사회 초년생 때 하게 된 것이 아니라 30대에 새롭게 재취업한 직장에서 하게 되었다. 업무를 하면할수록 30대의 체력은 점점 고갈되었고 몸도 지쳤다. 사람을 대하면서 상처 받고 감정의 소모로 인해 정신병까지 돋게 되었다. 이렇게 몸과 마음은 피폐해져 갔는데 내 손에 주어지는 월급은 180여만 원이었다.

20대 때의 직장생활은 그럭저럭 만족스러웠다. 월급도 지금보다 많이 받았으며 대우도 좋았다. 하지만 20대 때 철없던 나는 그러한 직장이 마음만 먹으면 언제든지 구할 수 있다고 생각했고 더 큰 꿈을 쫓다 결국 빈손이 되었다. 그 이후 오래된 주택가에서 삯-월세를 살기도 하고, 반 지하 빌라까지 이사 다니며 인생에 대한 깊은 현타를 느꼈다. 그리고 30살의 나는 큰 결심을 하였다. 더 이상은 이렇게 살지 않겠다고.

회사나 조직 대신에 내 오롯한 삶, 나만의 인생이라는 시간을 다시 찾겠다고 결심을 한 이후로 그 방법을 찾기 위해 미친 듯이 생각에 빠졌다. 어느 날 이런 생각이 들었다. 의식주만 해결되면 직장에 나가지 않고도 뭐라도 하며 살 수 있을 거라는 막연한 생각이 들었다.

"그래! 내가 마음 편히 살 수 있는 내 집을 사자. 자유롭게 여행 다닐 수 있는 차를 사자. 초라해지지 않을 만큼을 돈을 모으자. 1억쯤이면 되겠지?" 출근길에 떠올랐던 생각을 글로 옮겨 적었다. 그리고 경제적 자유를 달성하게 해주는 것이라면 무엇이든지 죽자 살자 이것저것 닥치는 대로 시도해봤다. 이렇게 나는 나를 직장인 라는 감옥에서 FIRE하는(해고) FIRE족 프로젝트를 시작했다. 매일 매일 이 목표를 이루기 위해 맨땅에 헤딩한지 6년이 지난 지금 여러 시행착오 끝에 결국 나는 집을 샀고, 새 차를 샀다. 그리고 현금 1억 이상을 모았다. 직장과 남자가 나를 지켜주지 못해도 내 돈과 자산이 나를 지켜줄 것이라고 믿는다.

Ⅱ. 경제적 자유를 이뤘다고 하면, 10억이나 100억이라는 큰돈을 누구나 쉽게 말한다. 하지만 이러한 목표를 달성하기 위해서는 우리는 평생 죽을 때까지 일해야 한다. 평생 죽을 때까지 일했다고 하더라도 현실적으로는 누구나 이룰 수 있는 돈도 아니다. 그래서 평범한 흙수저 직장인은 나는 나만의 방식으로 파이족이 되기로 했다. 그리고 결국 내 도전의 목표점 어느 정도 선까지는 도달했다. 그리고 이 책을 쓰게 되었다.

이 책은 집사고, 차 사고, 현금1억까지 모은 저자가 6년 동안 고분 분투했던 생생한 삶의 체험 현장의 비법들을 모두 담았다. 누구나 이 책을 읽고 똑같이 따라서 실천해보거나 누구나 최소한 6년이라는 시간을 오롯이 투자한다면 저자보다 더 쉽고 빠르게 목표에 이룰 수 있을 것이다. 그 이후 선택은 독자 자신의 몫이다. 이직이든 퇴사든 사업이든 새로운 도전을 할 수 있는 용기를 갖게 될 것이다. 독자도 나만의 삶의 스토리를 써 갈수 있게 된다.

각자의 파이어족으로서 추구하는 방향성은 다양하다. 파이어족의 완성된 정의는 없고 오직 개인만이 스스로 자신의 파이어족 라이프를 정의하고 그 라이프 스타일을 만들어갈 수 있는 것이다. 하지만 내가 말한 스타일의 '푸리덤 스타일의 파이어족 도전 방식'을 실천하고 기본조건들을 만족시킨다면 누구나 파이어족의 출발선(시작점)에 서있다고 자신 있게 말할 수 있다. 평범한 흙수저 직장인의 파이어족 도전기는 완성이 아닌 우리 각자의 삶을 완성해가는 과정을 담은 책이다. 이 책을 읽고 많은 흙수저 평범한 직장인들이 용기를 갖고 각자 자신이 바라는 더 나은 삶으로 나아가길 바란다. 언젠가 경제적 자유를 이루고 자신만의 파이어족 이야기를 써나갈 독자들을 위하여 파이팅! ♥

목차

01 파이어족 잉태기

1. 파이어족이 되기로 결심하다.

"인생 참 좆같네. 인생 내 마음대로 되지 않는구나!" 지금 돌이켜보면 참 당연한 얘기인데, 이 사실을 깨닫는데 너무 많은 시간을 써버렸다.

나는 어렸을 때부터 가정형편이 좋지 않아 열다섯 살 이른 나이부터 아르바이트를 시작했다. 용돈 한번 받아 본적 없이 학교를 다녔다고 봐도 무방하다. 학교에서 필요한 것을 준비하거나 친구들과 어울려 놀려면 돈이 필요했는데 가난한 부모님께 죄송해서 돈 달라는 말도 못해보고 어린 나이에 사회에 나가 식당, 미용실, 마트 등에서 일을 하며 필요한 돈을 충당했다. 대학교 때는 장학금을 받았지만, 생활에 써야 할 용돈이 없었기에 학교생활 내내 아르바이트를 해야 했다. 정신 없이 일하고 장학금을 위해서 공부를 해야 했기에 늘 시간이 부족했다. 엠티(MT)를 간다든지, 과 모임이라든지 동호회 같은 모임을 꿈꿀 수 없었다. 나는 항상 일에 때문에 모임 등에 참여하지 못했기 때문이다. 어느 순간에 나는 바쁜 사람이 되었고 나중에는 나를 불러주는 친구도 없었다. 지금 생각해보면 대학교의 낭만이나 추억은 없었고 20대 때에 나의 모습은 그저 찌질 하고 초라한 청춘이었을 뿐이었다. 그래도 당시에 나는 젊고 건강했기 때문에 활기차게 일했고 열심히 공부도 할 수 있었다. 그 시절 나는 젊음이라는 무기와 더 나은 삶에 대한 희망이 있었기에 사실 그렇게 불행하지는 않았다.

대학 시절 나는 그 놈의 용돈 벌이 덕분에 남들이 한다는 스펙 관리나 취업준비를 할 시간이 없었다. 정보를 교류할 사람도 없었고 어떻게 취업을 해야 할지도 감이 잡히지 않았다. 사실 나의 성격이나 적성이 어떤지, 어떤 직업을 선택해야 될지, 미래에 어떤 삶을 살아야 할지 생각해볼 겨를도 없이 시간은 흘러가 있었다. 취업과 상관도 없던 아르바이트 경력과 졸업장 하나로 취업을 하려고 하니 어설픈 이력서와 준비되지 않은 면접으로 그럴듯한 기업에 취업은 번번이 실패로 돌아갔다. 불행 중 다행인 것은 나는 대기업 취업에 대한 환상이 없었고, 그런 쪽에 욕심도 없었다. 내 수준에 대한 객관적 인식을 해서 잠재적으로 단념하며 자기합리화를 한 비겁한 변명 일수도 있다. 그래서 덕분에 금방 대기업 및 중견 기업에 대한 취업은 포기했고, 당장 돈이나 벌 수 있는 중소기업 취업을 노렸다.

사실 네임벨류(named-value)있는 회사에 다니겠다는 생각보다 막연히 월급이라는 돈만 나온다면 렌터카(a rental-car company) 사무실 경리라도 좋다는 심산이었다.(이 직업을 비하할 의도는 없다.) 중고등 학교부터 대학교 졸업 때까지 늘 돈이 궁핍했기 때문에 빨리 돈을 벌고 싶었다. 내가 번 돈으로 찌질 하고 궁핍한 집에서 벗어나서 새로운 삶을 살고 싶다는 생각뿐이었다. 그 후, 드디어 아르바이트에서 벗어나 중소기업에 취업을 하였다. 취업 잘한 동기들에 비해 적은 월급이었지만, 처음 받아보는 (아르바이트 금액을 넘어서는) 큰 돈이었기에 나름 만족을 했다. 월급은 적지만, 나름 배울 것이 있는 회사였기 때문에 더욱 만족도가 컸다. 근무환경도 좋았고 또래 직장동료들과의 즐거움이 있었기에 첫 직장생활이 가장 기억에 남는다. 당시에 이제는 내가 번 돈으로 자취도 하고 내가 번 돈도 마음대로 쓸 수 있어서 기쁨이 컸다. 그러자 그 동안 억눌렸던 소비에 대한 욕구가 폭발했다. 이전에 나는 늘 돈이 궁핍했고 사고 싶은 것도 못 사고 먹고 싶은 것도 못 먹고 살았다. 그 한이 폭발했는지 첫 취업 후 미친 듯이 돈을 썼다. '직장생활은 계속 될 테고 돈은 계속 벌 테니 원 없이 쓰자.' 라는 마음이 컸다.

이후 이직에 성공에 두 번째 직장에서는 나름 꽤 괜찮은 급여를 받게 되었다. 직장 생활 복지도 좋았고 규모가 조금 더 큰 회사에서 적성에 맞는 직종으로 옮기게 되어서 매우 행복했다. 이때가 20때 후반이었는데, 나의 소비 습관은 고쳐지지 않았다. 돈을 더 벌게 되니 월급보다 더 많은 돈을 쓰기도 했다. 신용카드 회사 VIP 가 되어 열심히 무이자 할부를 즐기며 럭셔리한 삶을 살게 되었다. 이때부터 내 인생이 조금은 나아졌다는 생각을 하였다. 월급으로 더 좋은 월세 집으로 이사를 갔다. 부유한 사람들과 어울리게 되었고, 각종 모임에도 나갔다. 스스로 젊고 예쁘고 똑똑하다고 생각했다. 이제야 내가 원하던 멋진 사람이 된 것 같다는 착각에 빠졌다. 각종 해외여행과 명품 쇼핑, 5성급 호텔 호캉스(Hotel-stay) 등 최대한 즐겼다. 가난하고 궁핍해서 늘 욕구를 억제하고 살았던 그 그지 같은 나에서 벗어나 더 나은 세계에서 살고 있다고 굳게 믿었다. 이때는 조금 자신 만만했다. 세상이 드디어 내 마음대로, '내가 꿈꾸던 삶으로 살아가게 되었구나.'라고 생각하였다. '나는 젊고, 회사는 계속 나의 노동력을 인정해 줄 테고, 즐기고 살기에 충분한 월급은 계속 나올 테고 내 삶은 이대로 지속될 것이다.' 라고 생각했다.

하지만 그건 나의 대단한 오만과 착각이었다. 당시 사귀던 남자친구와의 미래 때문에 개인적 사정으로 직장을 그만뒀고, 월급은 끊겼다. 사랑도 예전 같지가 않았다. 내가 계획했던 미래의 플랜들은 하나 둘씩 지연되거나 중단되었다. 29살에서 30살이 되던 때의 잘못된 선택으로 나의 삶에 큰 대가를 치르게 되었다. 결국 여자 나이 30살에 가까스로 다시 새로운 직장에 들어가게 된다. 그것도 말단으로 말이다.

30이 넘고 시작한 새로운 직장에서는 삭감된 급여와 늙어가는 초라한 내 자신뿐이었다. 나에게 주어진 일은 어떤 성과를 내거나 나를 두각 시키며 프로젝트 기획하고 완성하는 그런 자리가 아니라 그저 주어진 일만 반복하면 되는 단순 노동이었다. 하루하루가 그렇게 무기력하고 무의미 해보기는 처음이었다. 직장에서의 나는 철저하게 나의 캐릭터는 숨겨야 했고 그저 하나의 기계 속 부속이 되어서 시키는 일만 계속 틀에 벗어나지 않게 반복해야 했다. 그 일을 수행하는 사람은 어떤 특성을 가진 영혼이 살아있는 사람이면 안 되었다. 존재 자체가 있는 듯 없는 듯 그냥 주어진 일만 해내면 되는 그런 자리였다. 참아내기만 하면 월급은 밀리지 않고 꼬박 꼬박 나오니 얼마나 좋은 직장이냐고 가난한 우리엄마는 늘 만족해하였다. 엄마는 누구나 다 그렇게 산다고 말씀하셨지만, 나는 숨을 쉴 수 없는 답답함을 느꼈다. 희망이 없기 때문이다. 희망이 없으니 숨을 쉴 수가 없었다. 이 일을 계속한다면 그려질 내 삶에 대해 생각하니 흉통이 아프고 숨이 턱 하니 막혔다.

어느 날 아침에 눈을 떴는데 회사 가기가 죽기보다 싫었다. 아침 9시 전부터 울려오는 전화소리가 두려웠다. 게다가, 매일 처리해야 할 컴플레인(complain)이 하루에도 수백 건이었다. 집요했던 직속 상사의 실적 압박과 과도한 친절함의 강요는 나를 미치게 만들었다. 이러한 업무를 20대 사회 초년생 때 하게 된 것이 아니라 30대에 새롭게 시작한 직장에서 하게 되었다. 업무를 하면 할수록 30대의 체력은 점점 고갈되었고 몸도 지쳐 갔다. 더욱이 불특정 다수의 사람을 상대하면서 감정의 소모로 인해 정신병까지 돋게 되었다. 이렇게 몸과 마음은 피폐해져 갔는데 내 손에 주어지는 월급은 고작 180 여 만 원 이었다.

'이렇게 살 수는 없어. 회사나 조직 대신에 내 오롯한 삶, 인생이라는 시간을 다시 찾겠어.' 라고 결심을 한 이후로 그 방법을 찾기 위해 미친 듯이 생각에 빠졌다. 알코올 중독자처럼 현실을 잊기 위해 술을 마시며 방황을 했다. 기나긴 끝을 알 수 없는 터널의 싱크홀에 빠져 허우적거리는 그런 느낌이었다. 아침에 일어나면 머리가 깨질 듯이 아팠다. 그러던 어느 날 이런 생각이 들었다. 의식주만 해결 된다면 직장에 나가지 않고도 뭐라도 하며 살 수 있을 거라는 막연한 생각이 들었다. '그래! 내가 마음 편히 살 수 있는 내 집을 사자. 자유롭게 여행 다닐 수 있는 차를 사자. 초라해지지 않을 만큼을 돈을 모으자. 1억쯤이면 되겠지?' 출근길에 떠올랐던 생각을 글로 옮겨 적었다. 그리고 돈이 되는 것은 죽자 살자 해보자며 이것저것 닥치는 대로 시도해봤다. 이렇게 나는 나를 직장인 라는 감옥에서 나를 FIRE하는(해고) FIRE족 프로젝트를 시작했다. 매일 매일 이 목표를 이루기 위해 맨땅에 해딩 한 지 6년이 지난 지금 여러 시행착오 끝에 결국 나는 집을 샀고, 새 차를 샀다. 그리고 현금 1억 이상을 모았다. 직장과 남자가 나를 지켜주지 못해도 내 돈과 자산이 나를 지켜줄 것이라고 믿는다. 이제 나는 나의 길을 걸을 수 있는 선택지와 용기가 생겼다.

2. 삼각 김밥만 먹어도 괜찮아!

파이어족(FIRE:Financial Independence, Retire Early)이란 30대말이나 늦어도 40대 초반까지 조기 은퇴하겠다는 목표를 가진 사람들이다. 회사 생활을 하는 20대부터 소비를 극단적으로 줄이며 은퇴자금을 마련하는 이들을 가리킨다. 이는 2008년 금융위기 이후 미국의 젊은 고학력, 고소득 계층을 중심으로 확산됐다. 이들은 '조기퇴사"를 목표로 수입의 70~80%를 넘는 액수를 저축하는 등 극단적 절약을 실천한다. 파이어족은 원하는 목표를 달성하여 부자가 되겠다는 것이 아니라, 조금 덜 쓰고 덜먹더라도 자신이 하고 싶은 일을 하면서 사는 것을 의미한다. (인용, 네이버 지식백과)

파이어족은 1990년대 미국에서 등장한 이례로 밀레니얼세대들을 중심으로 미국뿐 아니라 영국, 호주 등 여러 국가로 퍼졌고, 다양한 종류와 형태의 모습으로 나타나고 있다.
파이어족의 개념이 점점 다양해지고 있고 다양한 형태로 나타난다. 각각의 파이어족으로서의 이상을 그리고 실천하는 사람들이 많아지고 있다.

내가 생각하는 파이어족은 "삼각 김밥만 먹어도 괜찮아." 라고 할까? 사실 우리가 살아가는데 큰 집이나, 좋은 차, 배를 가득 채우는 온갖 음식들, 치장할 럭셔리한 물건들이 꼭 필요하지는 않다. 편히 누울 공간(살 공간) 과 편리함을 더해줄 저렴한 가성비 좋은 자동차를 가지고, 적당한 음식으로 너무 배부르지 않게 먹고 살수만 있다면 충분하다고 생각한다. 그러나 미디어와 인터넷의 발달로 우리는 쉽게 타인의 삶을 볼 수 있게 되었다. 이러한 요소와 각종 매체들의 광고로 인해 수많은 우리에게 불필요한 것들이 우리에게 환상을 주입시켜 꼭 필요하지 않은 것들을 사게 한다. 우리는 이것들을 얻기 위해서 매달리고 결국 우리가 현재 가진 돈 외에 우리 미래의 돈과 시간을.(신용카드,할부구매, 후 페이 결제 등) 당겨쓰게 된다.

결국 나에게 충분한 공간이면 될 집인데 남들이 좋다는 아파트에 살기 위해 평생 모기지 대출을 갚아 나가야 되고(30년 이상), 자동차 할부금을 내야하고, 매년 들어가는 보험료도 마련해야 한다. 푸드 포르노(Food Porno)가 난무하는 미디어에서는 기름지고 맛있어 보이는 형형색색의 음식을 먹는 것을 보여주며 이렇게 먹는 것이 즐겁고 행복한 것이라고 우리에게 무의식적으로 주입시킨다. SNS와 온라인 매체에서 샐럽들(Celebrities)은 각종 명품 옷과 가방으로 치장하고 그런 것이 멋지고, 누구나 가져야 된다고 생각하게 만든다. 이런 것을 소비하고 나면 결국 그 카드 값 할부는 내가 갚아 나가야 된다. 이렇게 소비된 돈을 평생 동안에 갚기 위해 직장을 다니며 정신 없이 살아가게 된다. 내 미래의 시간과 기회비용을 쓸 때 없는 소비로 맞바꾸었기 때문이다. 이후 어느덧 50~60대가 되어서 은퇴하고 나면 이제 내 젊음과 오롯한 시간, 나의 정체성은 사라지고 늙고 아픈 나의 모습만 남게 된다. 그때가 되어 체력도 되고 시간 돈이 있어 은퇴한 인생을 즐길 수라도 있으면 다행이지만, 그렇게 할 수 있는 것도 일부 사람들일 뿐이다. 대부분은 사람들은 은퇴 후에도 갚아야 할 빚이 있다든지, 아파진 몸이 남았던지, 또는 은퇴가 제대로 되지 않아서 다시 단순노동 일자리를 평생 찾아 다녀야 하는 신세가 되는 경우도 많다.

젊은이라는 시간은 참 소중하다. 내 꿈을 펼쳐보고 도전할 수 있는 나이기 때문이다. 비록 실패한다고 해도 다시 금방 일어나서 다시 또 뭔가 해볼 수 있는 나이이다. 그리고 대체적으로 건강하고 아름다운 시기이다. 머리도 총기 어리게 돌아가고 무엇인가 도전해보고 싶다는 열정과 욕망이 있는 시기이다. 이런 시기에 저당 잡힌 돈, 할부금(monthly-payment) 때문에 다니기 싫은 직장에 억지로 다니면서 하루하루 의미 없는 시간을 지내는 것이 무슨 의미일까?

남들은 내 생각을 비웃지만, 사실 나의 꿈은 그저 소박하다. 내가 글을 쓸 수 있고 요리할 수 있는 작은 공간이 있으면 된다. 직장에 다니지 않아서 시간이 있기에 사계절을 만끽하며 여행하고 싶다. 적게 먹고 싶다. 하루에 삼각 김밥을 3번 먹는다고 하더라도 공원에 나가서 초록 우거진 나무를 바라보며 햇볕을 쬐이고 싶다. 살랑 살랑 불어오는 바람을 쏘이면서 고즈넉이 고요함을 즐기고 싶다. 직장에 다니지 않는다면 체면치레로 계절마다 필요한 옷이나 장신구도 사지 않아도 되겠지? 그저 견고하고 실용성 있는 옷을 깨끗이 다려 입고 다닐 수 있다면 그저 그걸로 만족하고 싶다.

현대 직장인들에게는 시간이 너무 부족하다. 밥 먹을 시간이 부족해서 점심시간에 허겁지겁 밥을 먹고 자리로 돌아 가야 된다. 낮잠이 오는 것을 방지하기 위해 테이크아웃(take-out) 커피를 마신다. 직장 동료들 사이에서 소외되지 않기 위해 대화에 꼭 참여하여 의미 없는 대화를 나누어야 한다. 사무실은 고요할 시간이 없다. 관련업체 사람들이라든지 방문객들로 넘쳐난다. 너무 시끄럽다. 전화는 왜 이렇게 많이도 울리는지. 혹자는 주 5일제이니 주말에 쉬라고 주말에 놀러 가라고 얘기하는데 대한민국 직장인 중 정말 주말에 나만을 위해서 오롯이 내 시간을 쓰는 사람이 과연 몇 명이나 있을까? 한번쯤은 직장에서의 전화, 휴일근무가 없던 사람이 있을까?

어느 나라처럼 시에스타(Siesta) 라는 낮잠시간을 주는 회사가 몇 개나 될까? 과연 이렇게 시간이 부족한 직장생활인데, <u>하루의 눈떠있는 모든 시간을 투자한 결과로 우리는 그만큼의 내 자유를 회사에 준 만큼 회사는 그만큼의 급여를 주는가? 결국 평범한 한 개인의 삶은 정신 없이 보낸 하루하루가 쌓이고, 어느덧 시간은 쏜살같이 흘러 세월은 내가 정신을 차리기도 전에 야속히 흘러가있다.</u>

직장을 당장 때려치우고 자유롭게 하고 싶은 대로 막 살라는 얘기가 아니다. 충분히 내가 어떤 삶을 살고 싶은 지 잠시 멈춰 정말 진지하게 생각해봐야 한다는 얘기다. 그리고 그 삶에 도달할 수 있는 수단과 방법을 찾아야 한다. 성인이니 내 인생의 결정과 선택 그리고 책임은 셀프(self)이다. 그런 준비를 해보고 준비가 완성된다면 또 그 지점에서 우리는 새로운 선택을 하거나 계속 그 길을 갈 수도 있는 것이다. 하지만 어떠한 내 삶에서의 경제적 독립이라든지 미래에 대한 어떤 생각도 없이 그저 살아간다면, 인생에 회사(직장)가 주는 월급 외에는 선택지가 없어 노예로써의 삶 밖에 선택할 수 없게 된다. 미래에 대한 진지한 고민이 없다면, 결국 나이 먹어 회사밖에 나왔을 때 늙은 자신만 존재할 뿐이다. 늙은 몸과 더 이상 회사에서 찾아 주지 않는 사람이 되어있을 뿐이다.

02 프로젝트
실행기

"파이어족이란 결국 돈이 많은 부자를 꿈꾸는 것이 아니라 기본적인 경제적 능력이란 기본기를 갖추고 자기 주관에 따른 라이프를 실행하는 것이 핵심이다. 자기가 살고 싶은 삶을 구체적으로 그려가는 -ing 라이프이다." 그러므로, 직장 밖, 퇴사 후 꾸려갈 라이프를 설계하는 것이 중요하다. 특정 액수에만 초점을 맞춘 경제적 자유라면 퇴사를 하거나 돈벌이가 되는 사업 등을 손에서 영원히 놓을 수 없을 것이다.

1. 6-7년이면 누구나 파이어족이 될 수 있다.

경제적 자유를 이뤘다고 하면, 누구나 10억이나 100억이라는 큰돈을 쉽게 말한다. 하지만 이러한 목표를 달성하기 위해서는 우리는 평생 죽을 때까지 일해야 되고, 평생 죽을 때까지 일했다고 하더라도 현실적으로는 누구나 이룰 수 있는 돈도 아니다. 그래서 나는 나만의 파이어족 프로젝트를 시작했고 집 사고, 차 사고, 현금1억 이상을 모았다. 이제 내가 6년 동안 고분분투했던 생생한 삶의 체험 현장의 비법들을 이 책에 모두 쓰려고 한다. 나의 이야기를 통해 배운 내용을 독자들의 삶에 대입한다면 누구나 나보다 더 쉽고 빠르게 목표에 이룰 수 있고, 이직이든 퇴사든 사업이든 새로운 도전을 할 수 있는 삶의 선택지와 용기를 갖게 될 것이다. 각자의 파이어족으로서 추구하는 방향성은 다양하다. 파이어족의 완성이라는 것은 없고 오직 개인만이 정의하고 그 라이프 스타일을 만들어갈 수 있는 것이다. 이 책을 통해서 작은 경제적 독립을 이루는 일에 보탬을 주고 싶다.

나는 방황의 시간을 너무 오래가졌다. 내가 20대 때 이미 이런 생각을 했다면, 나는 조기 은퇴를 더 빨리 하지 않았을까? 라는 아쉬움이 든다. 하지만 독자들은 이 책을 읽고 지금이라도 시작한다면 나보다 더 나은 결과를 갖게 될 것이다. 30대에 가까스로 시작한 나의 파이어족 프로젝트는 36살의 지금 나이가 돼서야 이제 은퇴든 이직이든 사업이든 뭐든 할 수 있는 단계에 이르렀다. 독자도 저자와 함께 새로운 도전과 도약이라는 길을 함께 가고 그 길이 성공하길! 진심으로 바란다.

2. 어떤 삶을 살고 싶은지 구체화해라.

파이어족이 되기로 결심했다면 가장 먼저 해야 할 일은 <u>어떤
삶을 살고 싶은지 구체화 하는 것이다.</u> 개인의 성향에 따라 경
제적인 부분을 중요시 할 수 있고 개인적인 시간을 중시할 수
있고, 인간관계를 중요시 여기는 등 다양한 삶을 꿈꿀 것이다.
먼저, 내가 어떤 성향의 사람이고 어떤 삶을 꿈꾸고 있는지 완
전히 구체적이지는 않더라도 글로 표현 할 정도의 생각의 정리
가 되어 있는 것이 좋다. 예를 들어, " 나는 경제적으로 충분히
소비할 수 있는 돈에는 궁핍하지 않는 파이어족이 되고 싶어."
"나는 돈은 조금 부족해도 여유롭게 시간이 많아져서, 공원에
서 텀블러에 타온 믹스커피로도 행복한 하루하루를 보내고 싶
어." 혹은" 나는 주변에 나랑 맞는 주변에 좋은 사람들로 채우
고 그들과 삶을 공유하는 방식으로 살아 보고 싶어." 라고 하나
하나 자신이 퇴사 후 사회적 조직으로부터 벗어나 어떤 삶을
살고 싶은지를 깊이 생각해봐야 한다.

파이어족은 결코 일안하고 빈둥 되는 백수나 한량을 의미 하
는 것이 아니다. 우리는 퇴사 후 새로운 커리어를 위한 교육
및 개발 활동을 할 수도 있고, 프리랜서나 사업가가 될 수도 있
는 것이다. 현재의 나, 퇴사 후 5년 이내의 나, 10년 뒤의 나,

20~30년 후의 나의 모습에 대해 충분히 생각할 시간을 갖고
노트에 옮겨 적어라.

3. 구체적인 경제적 자유에 대한 목표와 계획을 세워라.

<u>자신의 라이프 스타일을 정했다면, 그에 맞는 현실적으로 경제적인 목표를 세워야 한다.</u> 무조건 돈이 많을수록 좋다든지, 자기의 현재 수준에서 지나치게 말도 안 되는 금액을 목표로 세운다면, 그것은 파이어족보다는 사업이나 재테크 등을 통해서 부자가 되고 싶은 사람이니, 그쪽에 관련된 공부를 더하고 실천에 옮기는 것이 빠를 것이다. 이 책은 경제적으로 부자가 되는 방법을 얘기하는 것이 아니다. 어떻게 하면 내가 생각하는 라이프 스타일을 추구하면서 건강하고 행복하게 살지에 대한 고민을 하고 방법을 찾고 실행하는 것을 얘기하는 것이다.

파이어족으로, 미래의 삶에 대한 목표를 설정하고 계획을 세운다면, 예를 들면 연봉이 2,500일 때, 4,000일 때 등 자신의 현재 연봉과 자산 등을 고려하여서 달성 가능한 금액에서 20-30% 정도 상향된 목표로 금액을 가지는 것이 좋다. 나의 경우 가장 최근의 연봉의 경우 2,500만 원 정도 선이었고, 실 수령액은 180만 원 정도였다. (현재는 3,500 정도가 되었다.)세 후 2,160정도가 들어왔고, 1년에 적금 등 목표를 1,500정도로 잡았다. 180에서 125만 원 정도 저금을 해야지 가능한 금액이었

다. 나도 자취를 했지만 이 정도 목표를 잡았고 이 목표를 달성 못한 년도 있었고 넘어선 년도 있었다. 최대한 목표를 설정하고 그 이후로는 어떻게 달성 할 것인지 계획을 세우면 된다. 20-30프로정도 상향된 달성 가능할 듯 말 듯 한 정도의 수준의 목표를 세워야지 계속 포기하지 않고 노력하게 된다. 너무 높은 목표를 쉽게 포기되고, 모으는 중간에 짜 잘한 돈 모으기에 힘에 부쳐 다 써버리고 다시 시작해야 되는 경우가 생기기 때문이다. 너무 쉬운 목표는 사실 목표가 아니다. 그냥 저냥 살아가는 것이지, 가만히 있어도 이루어지기 때문에 목표라고 볼 수 없다. 평범한 직장인이라면 "5년에 1억만 들기, 또는 7년에 1억만 들기 등"을 목표로 세우기 좋다. 5년 동안 계획을 세울 때 1년에 2천씩 5년을 모아야 하지만, 매년 달성 액은 실제 다를 수 있고 또 초반이 가장 어렵고 후에는 점점 쉬울 수 있다.

다이어리에 첫 번째, 나의 꿈을 써라. 내가 원하는 삶에 대해서 구체적으로 기술해봐라. 두 번째, 실행 가능한 나만의 목표를 써라. 5년/7년의 목표를 세우고 매년 목표금액을 정하고 다음 해 1월에는 늘 전해의 금전목표를 달성했는지를 점검해라. 목표 달성 액을 작성하고 점검해라. 왜 실패했는지, 왜 성공했는지 매년 점검하고 체크해라. 우리는 늘 목표를 세우고 계획하지만, 늘 까먹는 존재이다. 가능하면 다이어리나 가계부 등을 통해 생각을 정리하고 목표와 계획을 세우고 실행해가는 내용들을 틈나는 대로 적어가는 것이 좋다. 나도 100프로 다 기입하지는 않았지만, 나의 삶의 원하는 방향, 목표, 계획, 매년 달성 액 등을 정리했고, 종자돈 모으기와 재테크를 하는 동안에 힘든 점 등 반성하는 소감 등을 기입했는데 추후에 가끔 보면서 반성하거나 의지를 되새기게 되었다.

4. 우리의 목표는 경제적 기본기(base)를 세우는 것이다.

우리는 새로운 삶을 도전하고, 내가 원하는 삶을 그리기 위해 자본주의에서 가장 중요한 경제적 기본기를 갖춰야 한다. 과연 파이어족이 되기 위해서 어떤 기본적인 것이 필요한지, 어떻게 하면 이룰 수 있는지 도저히 모르겠다면 책에서 제시하는 방법대로 목표를 세우고 실천해 보는 것이 좋겠다. 목표와 계획이 세워진 사람도 나의 방법을 참고 하여 생활에서 실천해 본다면 시행착오를 줄일 수 있을 것이다.

나는 자유롭게 여행하고 타인으로부터 방해 받지 않는 나만의 공간과 시간을 갖고 싶었다. 자유롭게 창작하고, 삼각 김밥과 따뜻한 텀블러 속 믹스커피를 공원에 앉아서 햇볕을 받으며 천천히 먹고 싶다. 내 발 대신 나를 멋진 세계로 인도해줄 나만의 차가 필요했다. 2년마다 월세 집 이사가 지겨웠다. 작더라도 나만의 공간을 갖고 싶었다. 그러니 집은 있어야겠더라. 직장을 퇴사하면, 결국 우리는 매달 들어오는 쥐꼬리만 한 월급이란 현금흐름도 없어질 것이고, 다시 원치 않은 직장에 부랴부랴 취직하거나, 조급한 마음에 잘못된 결정을 할 수 있다. 그로 인해 섣부른 투자 등의 행위로 괜한 손해만 볼 수 있다. 그

러므로 어느 정도 나를 지켜줄 현금이 필요했다. 유 의미 하다
는 재테크 기본 금액 1억. 1억이라도 모으자. 이렇게 나의 꿈,
목표, 계획을 세우고 지난 6년간 고군분투하며 살아왔다. 그리
고 해냈다.

03 파이어족으로 가는
3가지 핵심 무기

그렇다면 파이어족이 되기 위해서 우리가 갖추어야 할 것은 무엇인지 내가 생각했던 3가지 핵심 무기를 공개하겠다. 내 무기를 참고하여 독자들도 자신만의 무기가 무엇이 되면 좋을지 생각 해봤으면 좋겠다. 어릴 적, '당신이 무인도에 간다면 가져갈 3가지 물건이 무엇인가요?' 혹은 '당신이 파이어족이 된다면 갖춰야 할 3가지 무기는 무엇일까요?'라고 스스로 물음에 답변 해보도록!

1. 첫 번째 무기 : 차

차를 사라

요새는 "돈"과 "재테크"에 관한 책과 강의가 무한히 넘친다. 관련 분야 전문가들은 다들 차를 사지 말라고 아우성이다. 차는 감가상각(사자마자 물건의 화폐가치가 떨어짐)이 가장 큰 물건 중 하나로 차를 사면 차 값, 기름 값, 보험료 등 소비가 증가 하므로 이와 관련된 얘기를 하면서 절대 차를 사지 말고 대중교통을 이용하고 허리띠를 졸라매라 한다. "경제적 측면", 즉, 당장의 현금의 소비와 숫자 놀음에만 치중한다면 이것은 맞는 말이다. 하지만, 차는 절대 사지 말아야 할 물건이 아니다.

1) 차는 기동성이라는 큰 장점이 있다. 교통수단 중 기동성 부분에서 가장 편리한 교통수단이다. 내 집 앞에서 출발하여 목적지까지 연결해주기 때문이다. 비행기는 빠르지만, 내 집 앞에서 출발해서 돌아와 내 집 앞에서 내려 주지 않는다. 하지만 차는 기동성 면에서 최고이다. 즉, 내가 언제 어디든 가고 싶은 곳이 있다면 내가 있는 곳에서 출발하여 그 곳에

도착하게 해준다. 그것도 돌아가지 않고 기다리지 않고 빠르게!

2) 시간과 체력소비를 절약해준다. 시간은 소중하다. 내가 역세권에서 살면서 역세권의 회사를 다닌다면 결국 대중교통이라는 것이 최고겠지만, 그렇지 않은 경우 대중교통을 이용하면서 버리는 시간은 어마어마하다. 보통 비 수도권에서 수도권에서 직장을 다니며 출퇴근으로 2~4시간씩 왕복으로 시간을 버리는 경우가 어마어마하게 많다. 시간과 체력이 받쳐 주면 상관없겠지만, 출퇴근 하는 오랜 시간 동안 그 수많은 사람들과 함께 혼잡한 대중교통에 있는 것은 당신의 시간과 체력을 고갈시킨다. 대중교통은 결국 다수 대중이 이용하는 목적으로 만들어진 것으로 목적지와 목적지의 거리가 효율적인 단거리 동선으로 짜인 것이 아니라 누구나 많이 자주 태우고 갈 수 있도록 짜져 있기 때문에 비효율적이다.

3) 차를 이용해서 돈을 벌어라. 우리 이모는 상당한 재력가이다. 흙 수저 성공 기의 주인공인데, 이모는 늘 차를 사라고했다. 차를 활용해서 돈을 벌 수 있다고 했다. 결국 이모가 말한 핵심은 시간은 금이기에 내 시간을 차를 통해 절약한다는 것이었고, 차를 통해 차와 관련된 일을 하여 부수입을 올릴 수 있다고 하였다. 예를 들어, 중고거래, 마트 배달, 대리

운전, 카 쉐어(자동차공유) 등 자기소유의 차를 통해서 돈을 만들 수 있다고 하였다. 근 30년 전 이모의 첫 장사의 시작이 이모부와 트럭에 물건을 싣고 지방에서 동대문 시장에 가서 전자제품 등을 주말마다 파는 것이었기 때문에 차를 통해 돈을 만들어냈던 것이다. 또한 트럭으로 중고 전자 제품이나 가구를 값 싸게 매입하여 판매해왔고 지금은 조물주 위에 건물주님이 되셨다.

4) 떠나요. 제주~푸른 밤. 나도 허영과 사치로 벗어나 새로운 삶을 살기로 결심했을 때, 절약의 첫 단계에서는 기존의 차를 처분했다. 나는 지방에 살고 있는데 직장에 다니는 내내 근 4년을 차 없이 걸어 다녔다. 사실 이 사실이 돈 모으는 초기 단계에서는 도움을 많이 주기는 했다. 나의 경우 걸어 다녔기에 도움을 줬다는 것이다. 남들은 다들 버스 타고 다닐 거리였는데 버스를 타면 기다려야 하는 시간과 2번이나 환승을 해야 했기에 아예 대중교통 이용을 포기하고, 튼실한 다리로 죽자 살자 걸어 다닌 것이다. 결국 걷기로 차비 아끼기와 헬스장 등록 없는 자동운동을 실천한 셈이다. 하지만 5년차에는 결국 차를 사게 되었다. 4년간 걸어 다니는 동안 매우 더운 여름과 혹독한 겨울에 너무 고생을 많이 하였다. 몸이 힘든 것도 힘든 것이지만, 내 30대 초 중반 내 자신이 초라하고 우울하다는 기분이 많이 들었다. 직장스트레스로

몸과 정신이 피폐해져 가는 데 주말에 멀리 드라이브도 못 가고 스트레스 풀 곳이 없어 많이 힘들었다. 결국 차 없이 산 4년 후 차를 전액 36개월 할부로 새 차를 구매하였다. 차를 산 이후로 건강을 생각하며 계속 걸어 다니기는 했지만, 더 이상 더운 여름과 추운 겨울에 힘들지 않아서 좋았다. 그리고 덤으로 언제든지 자유롭게 여행 다닐 수 있다. 어느 날은 밤늦게 야근을 하고 드라이브 하면서 돌아오는 길도 아름답게 보인 적도 있었다.

5) 운전을 한다는 것은 결국 나의 하나의 능력이다. 나의 주변에서, 여자의 경우 남자친구나 지인의 차를 타면서 운전면허가 없거나 있어도 차량을 구매하지 않는 경우도 많다. 하지만 오히려 여자라면 운전 능력을 갖추고 차 사기를 미루지 말라고 말하고 싶다. 운전할 수 있는 자기 차를 가진 여자가 된다면, 굳이 남자친구나 지인들의 차를 의존 안 해서 좋다. 차를 통해 혼자만의 여가 시간을 즐기고 나만의 생각할 시간을 가질 수 있다. 또한 운전을 통해 아르바이트 등으로 연결지을 수 도 있다. 더욱 좋은 것은 시간적인 면이다. 출퇴근길에 내 시간을 버리지 않고 차를 통해 편하게 출퇴근 할 수 있다. 내가 원하는 시간에 출근하고 야근하고도 걱정 없이 차 끌고 집에 오면 그만이니깐.

나는 결국 차는 현대사회의 컴퓨터만큼이나 중요한 발명품이라고 생각한다. 우리를 편하고 이롭게 해준다고 생각한다. 이 문명의 편리를 이용하는 것이 왜 나쁜가? (환경적으로는 물론 나쁘다. 요새는 전기차 등이 개발되었지만) 특히 지방 사람이라면, 버스 비+택시비 등 차가 없어서 사용되는 비용들을 계산해봐라. 내 차 기름 값 유지비등이랑 비슷하다. 대중교통에서 느낄 수 없는 편안함 자유 등을 느끼게 될 것이다. 뭐 역세권에 살아서 대중교통을 편리하게 쾌적하게 이용하는 사람에게는 해당되지 않겠지만. 나는 운전을 할 수 있고, 내 차가 있다는 것이 좋다. 어디든지 나 혼자서 훌쩍 떠날 수 있다는 그 자유 함이 좋다.

추천하는 차 : 경차와 SUV

나는 차를 많이 좋아한다. 한 때 중고차 매장을 방문하여 이 차 저 차 구경하는 것을 좋아했다. 그리고 새 차가 나왔을 때 사전예약을 통해 시승식도 여러 번 하였다. 차도 여러 번 샀고 여러 번 팔았다. 그리고 남의 차도 참 이 차 저 차 많이 얻어 탔다. 차에 대해서 깊이 잘 알지는 못하지만 어설피 많이 안다.

여러 종류의 차를 경험한 결과 경차와 SUV를 추천한다.

1) 경차를 추천하는 이유

최근 경차 혜택이 많이 없어지는 추세이다. 내가 살 당시 그래도 경차는 취득세 감면 및 면제 혜택 등이 있었고, 고속도로 할인을 받았다. 연비도 좋았고 특히나 주차하기가 좋았다. 금전적인 면에서 가성비가 좋다. 하지만, 우리나라 경차가 점점 비싸지고 혜택도 점점 줄어서 추천하기 살 짝은 애매하지만, 사회 초년생이고 차에 익숙하지 않다면 경차를 강추(강력추천)하겠다. 나도 중고 첫 차와 새것 첫차는 다 경차로 시작했다. 언니의 중고 경차도 좀 몰아봤다. 우리나라같이 주차 공간 협소한 곳에서 이곳 저곳 쏙쏙 들이 주차할 수 있어서 참 좋다. 요새 아파트나 관공서에 경차전용 주차장도 잘 갖추어 놨다. 보험 비, 유류 비 등 유지비가 전반적으로 아직도 다른 차에 비하면 싸다고 볼 수 있다.

2) SUV 추천하는 이유

왜 하필 SUV 인가. 사실 내가 현재 최근에 사서 보유하고 있는 차가 SUV이다. 세단위주의 차나 스포츠카를 좋아했는데 사실 SUV는 궁금해서 사봤다. 친구 차를 오랫동안 얻어 탔는데 그 친구의 차가 SUV 였는데 차량의 공간이 탁 트인 것이 너무 시원했다. 짐 싣기도 좋다. 도로에서 무시를 안당해서 좋다. 그리고 나 같은 키 작은 여자에게 세단보다 시야가 확보되어 운전하기 매우 좋다. 유지비가 엄청 좋지는 않지만 다양하게 활용할 수 있다. 캠핑을 좋아하거나 차박을 할 때, 이사를 할 때 매우 편리하다. 당근마켓 중고거래 할 때 저렴한 물건을 득템해서 집에 가져오기도 좋다. 이동성이 많고 자유롭게 여러 활동을 즐기는 사람에게는 SUV가 최고다.

파이어족이 차를 살 때 TIP

1) 새 차 vs 중고

나는 사실 다 새 거를 좋아한다. 모든 물건에 신상과 새것이 좋지 중고는 싫어한다. 하지만 차만큼은 중고가 좋았다. 이모가 차는 중고여도 괜찮다고 얘기해줬다. 1인 소유주였던 차를 중고로 값싸게 직거래하는 것도 많이 봐왔고 실제로 그 차들이 다 괜찮았기 때문에 차에 대해서만큼은 중고에 대한 선입견이 없었다. 내 첫차도 중고였고.

나는 새 차는 2번 나머지4~5번은 중고차였는데 결론은 지금은 새 차를 선호한다. 지금 현재 몰고 다니는 차가 새 차다. 중고차는 뽑기 운이 상당하다. 어떤 주인을 만났던 차인지에 따라 차상태가 천차만별이기 때문이다. 그리고 중고업체에서의 손님 호구 때리기가 아직도 만연한 것은 사실이다. 여성운전자가 중고차를 유지하는 것은 더 까다롭다. 내가 아는 지인 남자분은 친한 공업 사에 오래된 지인을 가지고 있고 차를 잘 안다. 그래서 아주 저렴하게 외제 중고를 2~3채씩 샀다 팔았다하며 즐기는 분이 있다. 이런 분이 참 부럽지만, 우리 내 현실은 우리는 차에 대해서 잘 모른다. 그리고 차에 대해 잘 아는 지인, 나에게 호구 짓을 안 시키며 정직하게 차를 정비해주시는 분이 없다. 그러면 무조건 새 차다. 새 차가 깔끔하다. 중고차는 잔 고장과의 전쟁이기 때문이다. 저렴하게 샀다고 좋아했다가 잔 고장 문제라든지, 다양하고 이상한 접촉 사고 등이 일어나서 골머리 썩을 일이 은근히 있다. 평소 품성이 바른 지인이 차를 바꾼다고 해서 그 차를 인수하든지, 가족이 타던 차를 물려받던지 하는 경우가 아니라면, 비추 하겠다. 차는 타보니 그 주인과 똑같다고 보면 된다. 평소 폭력적 운전을 행하고 성미가 급하면 행동을 취하는 운전자가 탄차는 차상태가 절대 좋을 리가 없다. 나같이 안전운전, 주행거리를 지키는 매너운전자의 중고차를 뽑게 된다면 모를까. 그냥 이도 저도 아니면 새차 사서 10년 정도 잘 정비해가면서 아끼면서 타는 것이 짱이다.

2) 현명한 자동차 보험 가입법

내가 처음 보험을 가입했을 때 나는 지인의 추천이나 아는 사람을 통해, 사람, 매니저를 통해서 보험을 가입하였다. 보험에 대해 별 관심이 없기 도하였고 아는 사람 하나 뭐 팔아 주는 게 좋다고 생각하여 세일즈 하는 사람을 통해 가입해왔다. 점점 시간이 지나고 재테크에 관심을 가지면서는 온라인을 통해

보험내역 및 금액을 비교할 수 있는 사이트를 통해 견적을 받고 그 사이트(web-site)에서 연결해주는 보험 판매원을 통해서 보험을 가입하였다. 이후 직장 동료를 통해 다이렉트 보험이라고 온라인으로 순수 견적을 뽑고 직접 가입하는 보험 방식을 알게 되었다. 다이렉트 보험을 통하면 보험설계사에게 들어가는 사업비용이나 인센티브 등이 없어서 비용절감에 좋다. 그리고 소정의 상품권을 주기도 한다. 또한 궁금한 점이 있으면 보험 다이렉트 상담원을 통해서 인 바운드 상담을 상세하게 받을 수 있기 때문에 설계사와 보험을 드는 것과 비슷한 효과를 볼 수 있다. 어차피 우리가 가입하는 자동차보험은 그게 그거인 것이 사실이다. 온라인 비교 사이트를 통해 보고 나서 선택 후 다이렉트 보험을 통해 온라인 가입하는 것이 가장 저렴하다. 사실 아는 사람 한번 팔아주고 하는 것이 아직도 나쁘다는 생각은 하지 않는다. 하지만 경제적인 것과 재테크 효율성을 중시하는 사람이라면 다이렉트 보험을 추천한다.

3) 대중교통 vs 유지비 및 주유 비용

대중교통이 마냥 합리적인 소비인가(?)에 대해 잘 살펴봐야 한다. 대중교통 비용은 지속적으로 오르고 있다. 대중교통에 이용되는 차량이나 지하철 등의 운영비용 등의 증가로 운임이 지속적으로 오르는 것이다. 택시비는 말할 것도 없다. 개인 차량을 이용하면 보험 비, 수리비, 주유비등 각종 요금이 직접적으로 내가 사용하기 때문에 체감 상 더 크게만 느껴진다. 하지만 냉철하게 따지면 더 효율적인 경우도 많다. 대중교통비는 계속 인상되고, 혼잡하며 복잡하다. 길도 우회 하므로 시간도 많이 걸린다. 한 달 차비가 야근을 하거나 약속이 있을 때 등등 택시까지 타게 되면 만만한 금액은 아니다. 새 차를 사거나, 잘 고른 중고차 혹은 경차를 이용하면 오히려 유지비(수리비용 등)가 생각보다 거의 안 나오고, 주유 비 또한 그렇게 많이 나오지는 않는다. 일단 나는 개인차량을 선호하고, 제 때 제 때 차량 관리를 해주고, 주유 비 할인 목적의 카드만 제대로 활용해도 차를 사용하는데 아무런 문제가 없다. 대중교통과 차량을 적절하게 섞어서 현명하게 사용한다면 돈을 아낄 수 있다. 나는 개인 차량이 있지만 부산이나 대구 같은 대도시를 놀러 갈 때는 꼭 시외버스(가장 시간이 적게 걸림)를 사용하고 현지에 가서 버스나 지하철 택시 등 적절히 이용하여 여행을 즐긴다. 근교에 교통이 불편한 곳에는 여행갈 때 오히려 대중교통 사용이 비용이 많이 드는 경우가 많아서 개인차를 이용하여 서해안 펜션 등에 여행가서 드라이브도 즐기고 저렴한 펜션도 이용한다. 상황에 맞게만 사용한다면 개인차량도 효과적이다.

* 내가 대중교통이 발달한 오피스텔 등에 살고 직장이 역세권에 있어서 차량이용이 거의 필요 없다면 대중교통을 이용할 것

* 직장이 집근처이고 충분히 걸어갈 수 있는 거리라면 조금 일찍 일어나서 운동 삼아 걸어라. 혹은 자전거를 사용하여 출퇴근한다. 가끔씩 힘들다면 대중교통이나 택시이용도 괜찮다.

* 대중교통의 이용으로 인해 하루에 너무 많은 시간을 길거리에 소비한다면, 개인차량이용을 권장한다.

* 내가 여행을 즐기는 사람이라면 드라이브는 하나의 건전한 취미 생활이므로 차량소유가 나을 수 있다.

4) 차 값부터 갚아라!

재테크 전문가 혹은 부자 되기 전문가가 듣는다면 한 소리하겠지만, 나는 사실 최근에 산 새 차를 56개월 1.9% 이자 할부로 캐피탈에서 구매하였다. 할부금은 매달 35만 원 정도 되었다. 당시에 빚이 있는 것도 아니고 딱히 취미생활을 하지도 않았다. 매번 회사 출. 퇴근 시 걸어 다녔으므로 교통비는 쏠쏠히 아끼고 있었다. 출퇴근 시 걷기는 내 건강에도 무척 도움이 되었고 다이어트에도 효과가 있었다. 하지만 한여름과 한겨울에는 고통이었다. 또한 무한 반복되는 일상에서 내세울만한 취미

생활이 없었던 찰나에 여행을 좋아하니 차를 사기로 결심했다. 현금으로 차를 살만큼의 여유는 없었고 기타 등등의 이유로 그냥 계약금 한 푼 없이 차량을 할부 구매했다. 이 방법을 추천하지는 않는다. 하지만 빚을 내고 차량을 사는 것이 무조건 나쁘다고는 생각하지 않는다. 적당한 자신의 신용과 재정상태 안에서 갚아나갈 수 있는 능력, 차량을 유지할 능력이 있다면 충분히 빚을 통해서 차량을 구매할 수 있다. 감가상각이 심하기 때문에, 자산으로서의 역할을 다하지 못하므로 빚을 통한 차량구매는 재테크라는 면에서는 금지다. 하지만 내 재정상태가 받쳐 주고, 차량을 통해 현재의 사용하는 금액이상의 가치 어떤 가치가 되었던 만들어 낼 수 있다면 나는 그 차량 구매는 의미 있다고 생각한다. 다만 여러 가지 빚이 있다면, 혹은 차량만 빚이라면 차량에 사용한 빚은 최대한 빨리 갚아라! 사이드 머니가(side money, additional income) 생길 때마다 모으고 차량 값의 일부인 500이든 300이든 모아지면 캐피탈 회사에 전화해 중간 중간 갚아나가라. 꼭 먼저 갚고 다 갚는다면 신용도는 한층 업그레이드(upgrade) 되어있을 것이다.

5) 나의 실패기 - 자동차

나는 자동차 옹호론자(?)에 가깝다. 21살 때 면허를 땄으며 23살 때인가 처음으로 차를 샀다. 나의 첫차는 모닝 중고차였다. 그 이후로 사고팔고를 반복하며 여러 가지 차들을 경험했다.

4~5번의 중고차와 2번의 새 차를 구매한 이력이 있다. 이런 나에게도 크나 큰 실패가 있으니 바로 중고 외제차 구매이다. 나에게는 뚜껑이 열리는 외제차를 모는 것이 꿈이었다. 이 꿈을 이루기 위해 첫 번째 새 차를 버리고 허세 가득 중고 외제차를 덥석 산 것이다.(영화 트랜스포머의 범블비가 매우 섹시해 보였다. 하지만 머스탱의 실제 승차감은 나랑 맞지 않아 포기했다.) 솔직히 이 차를 타고 다니는 동안 나는 매우 기분이 좋았다. 일단 차가 너무 예뻤고, 어디든지 이 차와 함께 가면 주목을 받을 수 있었다. 뚜껑이 열리는 것도 좋았으며, 차를 보고만 있어도 행복했다. 조금만 속도를 내면 한없이 가벼워 날아갈 것 같은 경차와 달리 드라이브하는 느낌도 묵직하니 좋았다. 다 좋았다? 가, 결국 느낀 것은 이 차를 유지하기 위한 비용이 매우 크다는 것이었다. 차에 잦은 고장이 있었다. 그래서 자동차 수리 센터에 많이 다녔다. 다행히 워런트(warranty)가 남아서 큰돈을 들여 수리하거나 하지는 않았지만, 시간과 체력 그리고 돈 낭비에 대해서 스트레스를 좀 받았다. 스포츠카는 기름도 많이 먹었다. 보험료도 비쌌으며, 연비가 개똥이었다. 결국 개인적 사정으로 중고로 넘겼는데, 터무니없이 감가상각을 맞은 채로 눈물을 머금으며 떠나 보냈다.

사실 경제적인 손실을 봤기 때문에 후회가 막 급하다. 차에 대해 잘 모르거나 유지하는 데에 에너지를 쓸 용기가 없다면 함부로 중고외제차에 손대면 안 된다. 호구 당하기 쉽다. 살 때부터 유지까지 노-오력이 필요하다. 차라리 정 외제차를 사고 싶다면 새 외제차를 사는 것이 낫다고 본다. 하지만 외제차를 갖는다는 것은 기분은 째지게 좋게 만든다. 차 탈 때부터 내릴 때까지 보고 있어도 행복하다는. 이 글을 쓰는 순간에 갑자기 급 외제차가 땡 긴다. ㅎㅎ

2. 두 번째 무기: 집

집을 사라

1) 집을 사야하는 이유

나는 누구를 만나든 자신이 살 집은 꼭 사라고 말한다.

(1) 집을 가진다는 것은 나만의 독립된 공간을 갖는다는 큰 의미가 있다. 부모도 형제도 친구에게도 의존할 필요 없이 내가 온전히 나만이 쉴 수 있는 공간을 가질 수 있다. 방해 받을 필요 없는 내 시간을 가질 수 있고 내 삶을 살고 나를 휴식시킬 수 있는 공간이 생기게 된다는 것은 참 좋다.

(2) 집을 갖게 되면 월세나 전세 비용을 아낄 수 있다. 물론 모기지(mortgage)를 통해 집을 장만하게 되기 때문에, 다달이 나가는 돈이(원금상환+이자비용) 생기게 된다. 하지만, 이렇게 하면 다달이 고정적으로 30~50정도의 월세로 내는 돈과 같은 돈이 나가지만, 이 돈은 집주인에게 가는 돈이 아닌 내가 내 자산을 100 % 내 것으로 만드는 데에 나가는 돈으로 적금이 마찬가지이다. 그래서 나의 경우 보통 원금과 이자 상환을 같이하는 방법으로 자산을 늘려가고 있다. 사

회 초년생 같은 새내기들에게도 이 방식을 추천한다. 100프로 투자용도로 시세차익을 보기 위해서 집을 구매한다면 이자만 갚아 나가는 방식을 취하겠지만, 종국적으로 나의 자산과 씨드(seed money)를 불리는 방법을 택하면서 +a(플러스알파)로 실 거주와 투자를 겸비하는 방식이라면 적은 돈이라도 계속해서 갚아 나가는 것이 좋다. 이렇게 한다면 노후에 어떤 시점에서 언젠가 집을 매도할 때 빚은 사라지고 온전한 내 명의의 집(자산)이 생기기 때문에 매우 뿌듯할 것이다.

(3)아직까지 여성의 경우, 집사기를 꺼려하는 경우가 많다. 결혼 시 남편이 해올 집 혹은 같이 마련할 집에 들어가 살 것이므로 자산의 보유보다는 현금을 모으는 것을 선호하며 매번 이사를 다니는 경우가 많다. 당장 내일모레, 내년에 결혼식이 잡힌 예비신부가 아니라면, 언젠가 결혼하게 될 있지도 않은 남자친구를 기다리면서 집을 사지 않는 방식은 비추한다. 내가 월세에서 전세 전세에서 집을 사기까지 과정에서 나의 전남자친구들은 앞으로 우리가 살집에 대해서 얘기하면서 내가 집을 사고 더 큰 집으로 이사 가는 것을 반대해왔다. 하지만 결론은 그 사람들은 나랑 결혼하지 않았으며, 우리가 이사 갈 집은 없었다. 이별 후 휴식 기에 나는 결국 혼자 살아갈 나에 대해 깊은 고민을 한 후에 첫 집을 장

만하였다. 그 이후 두 번째 집도 오롯이 내 명의로 장만하게 되었다.

(4) 내 명의의 집을 가진다는 것은, 정말 큰 안정감을 주었다. 내가 평생 살 집이 생기니 남자와 미래에 대한 생각도 많이 달라졌다. 연애와 결혼에 대해서도 다르게 생각하게 되었다. 뭔가 더 이성적이며, 감정에 휩싸이지 않았고, 당장 급할 것도 없었다. 조금 더 이성적인 판단들을 하는데 도움이 되었다. 그것이 경제적인 마인드를 갖고 자본주의에 대해서 더욱 공부하고 관심을 가지게 되는 기회로 작용하였다. 혼자 집을 마련하는 과정에서 시행착오도 겪었지만, 모두 값진 경험들이었다. 나를 한층 더 성장할 수 있게 만든 사건들이었다.

지방 1억 이하 부동산

1억이라는 현금을 오롯이 모으기 위해서는 년 1천으로 10년 년 2천으로 5년이라는 시간이 걸린다. 2천 이상 순수하게 적금을 하려면 거의 돈을 안 쓰거나 연봉이 굉장히 많아야 한다. 1억이라는 돈이 양적 완화와 인플레이션을 통해서 사회적 가치가 많이 희석되기는 했지만 평범한 월급쟁이로 살아가는 사람에게는 현금으로 순수하게 모으기 위해서는 허리띠를 바짝 조이지 않으면 안 되는 큰돈이다. 사회적 가치는 점점 작아지는 돈이지만, 결코 평범한 사람이 쉽게 모을 수 있는 쉬운(easy한) 돈은 아니다.

양적 완화와 인플레이션을 통해 화폐 가치는 계속 하락하는 데, 노동소득으로 1억이라는 돈을 달성하기는 매우 힘들고, 내가 모으는 과정에서 이미 자산 등 실물의 물건들의 가격은 모두 상승해있다. 하지만 부동산을 이용한다면 그 길은 조금 수월하다. 그렇기 때문에 우리는 빚을 지고라도 이미 가진 종자돈 3천에서 5천을 가지고 1억 이하의 자산(부동산)으로 바꿔놓아야 한다. 1억 이하 부동산(실물자산)을 사고 모자란 돈은 은행에서 대출을 받고, 대출금을 원금과 이자를 갚아나가면서 인플레이션을 헷지 하는 수단으로 삼아야 하는 것이다.

부동산이 언제 오를지 떨어질지는 모른다. 하지만 인플레이션이 지속되는 자본주의 상황에서는 서서히 조금씩 우 상향 할 것이고, 우량 한 부동산을 적당한 가격에 매입한다면, 결국에는 수익을 보고 팔 수 있게 된다.

내가 가진 돈에서 조금 더 보태서 적당히 조금은 어렵게 도달할 수 있는 금액의 부동산을 사라. 직장인이라면 직장이라는 신용의 무기가 있으므로 적극적으로 대출을 받아서 가용 범위

내에서 꼭 부동산을 사기를 추천한다. 당연히 부동산을 사기 위해서 공부를 해야 한다. 누구도 어떤 물건을 어떻게 사라고 공짜로 가르쳐주는 사람은 없다. 나는 돈 한 푼 없을 때부터 부동산을 사야겠다는 막연한 생각으로 부동산 관련된 공부를 항상 했고, 책에서 하라는 대로 결국 나 홀로 구매까지 도전을 해보았다.

돈 없어도 집사는 공부는 해라

인간은 누구든지 이기적인 동물로써 부모님이 아니고서야 돈 되는 좋은 부동산을 남에게 추천해 주지 않는다. 부동산 공부는 당연히 막연하고 어떻게 시작할지 모르겠고, 정보도 없다. 그리고 현실적으로 현재 돈이 없기 때문에 더더욱 관심을 갖지 않는 경우가 많다. 하지만 우리에게 주거는 매우 중요하고 누구나 살 집은 있어야 한다. 부동산은 언젠가 가져야 할 자산이므로 어떤 환경에서도 희망을 버리지 말고 미리 살집에 대해서 공부를 해야 한다. 그렇기 때문에 당연히 부동산을 사기 위해서 공부를 해야겠다. 나 또한 돈 한 푼 없을 때부터 부동산을 사야겠다는 막연한 생각으로 부동산 관련된 공부를 항상 했고, 책에서 하라는 대로 도전을 해보았다. 그리고 2채나 샀다. 한 채는 팔았다가, 며칠 전에 떨어졌던 청약에 후 순위 선착순 모집에 우연히 당첨되어 또 다시 2채가 되었다. (2채나 마찬가지)1가구 일시적 2주택 양도세를 면제받는 세금적인 혜택이 있는데 이런 절세 전략을 이용한 사고 팔기 방식도 공부해본다면 도움이 될 것이다.

♣ 집사는 공부 법

어떤 공부를 해야 할 지 아무것도 모른다면 시중에 재테크 책과+ 부동산책을 병행하기를 바란다. 처음에 재테크 책을 통해 재테크가 무엇인지 배우고 경제적인 기본 상식들을 쌓아가야 한다. 재테크 책을 읽다 보면 부동산 얘기는 꼭 나오고 거기에서 기본 개념을 익힐 수 있다. 다음에는 부동산 관련하여 부동산학 개론, 입지론, 사는 방법, 중개사에 관한 얘기 등 실무에 대한 간접경험을 하는 책들을 읽어야 한다. 이론과 실무에 대한 책을 다 독파했다면, 이제 실전으로 네이버 부동산이나, 지역신문 교차로 등을 통해서 내가 책에서 봤던 다양한 이론을 적용하여 집을 골라본다. 그리고 전화도 해보고, 블로그 등을 통해 서치도 해본다. 이것도 시간이 꽤나 걸린다. 이후 마지막으로 관심 있는 매물들을 정리하여, 시장 탐방을 한다. 나 혼자 임장이라는 것을 하면서 동네분위기나 입지 등을 분석해보고 정리해본다. 또한 공인중개사를 만나서 실제로 집 구경을 하는 것도 추천한다. 위의 순서에 따라서 해야 하는데 처음 이론공부가 굉장히 중요하고 어느 정도 공부 후에 스스로 임장과 공인중개사와의 만남을 추천하겠다. 아무것도 모른 채 공인중개사를 만나거나 임장을 한다면 집을 보는 기준점도 없고, 어떤 물건이 좋은지 판단도 안 된다. 이러한 과정을 무한 반복하다 보면 안목도 생기고, 그 사이 씨드(seed-money)머니를 모을 생각에 불타오를 것이다. 나중에 적당한 씨드가 생긴다면, 실전 매수를 하게 될 것이다. 결국 첫 등기를 치고 나면 일련의 집사는 공부의 1세트가 끝난 것이다. 하지만 여기서 끝은 아니다. 첫 집을 사서 바로 성공하는 경우도 있겠지만, 첫 매수 후 실수를 발견하는 경우가 대부분이다. 이것은 둘째 집에서도 마찬가지다. 하지만 정말 두 번째 선택은 더 나아지고 3번째 선택은 더 나아지는 법이다. 첫 등기 후에는 더 실전에 매달려서 안목을 기르는 것이 매우 중요하겠다.

추천 지방 중소도시 아파트

| 청주

청주는 충청북도 중앙에 위치한 중심도시이다. 서울에서 1시간30분정도(120km) 떨어져있고, 천안과 세종과 맞붙어 있는 도시이다. 인구는 84만으로 점진적으로 발전하고 있는 도시이다. 내가 실제로 청주에 오랫동안 살았고, 정말 예전에 비하면 드라마틱한 발전상을 지켜보고 있다. 대전, 천안, 세종 등 주요 도시에 인접하였지만, 전반적으로 부동산 가격이 위의 도시들에 비해서 저렴하고 살기가 좋다. 청원군 통합으로 도시가 점점 커지고 인구도 늘고 인프라 정비가 계속되고 있다. 이중 오창이라는 곳에 방사 광속기 사업도 추진 중이고 SK하이닉스, LG 에너지 솔루션 등 기업이 포진하고 있어 젊은 층의 탄탄 소비가 뒷받침 되어있다. 앞으로 지방 소멸할 것이라는 예측이 있지만, 청주 지방에는 지하철 이슈(지하철도입) 및 방사 광속기 이후 산업 발전의 예측이 있어서 계속해서 살아남을 도시라고 생각하여 추천해 본다. 저 평가 아파트 위주로 구매하는 것이 좋다고 본다. 첫 투자이자 안정적 투자처로 추천해본다.

| 천안-아산

천안과 아산은 거의 붙어 있기 때문에 같이 묶어서 추천해보겠다. 청주 투자 이후 내가 가장 관심을 갖는 도시이다. 천안은 예전부터 굉장히 발전된 도시이다. 충청남도에 속해있지만, 마치 천안특별시 같아. 생활수준이나 물가 등 서울의 분위기와 많이 닮아있는 곳이다. 일단 기업 유치가 잘되어 있어 인구 유입이 꾸준하고, 근로자들 임금 수준이 높아 소비력도 크다. 도시가 전반적으로 서울을 모방하면서 커나가고 있다는 생각이 든다. 천안은 이미 가격이 비싼데, 그 옆 도시 아산도 눈 여겨 볼만하다. 천안, 아산의 정책 방향 등에 대한 기사에 대해서 찾아봐도 도시의 모토가 산업을 유치하고 일자리를 살리는데 굉장한 노력을 기울이고 있으며, 발전된 도시로 만들기 위해서 노력하는 모습이 굉장히 적극적이다. 도시 분위기가 활력이 있고 젊은 사람들이 많으며 청주보다 확실히 지하철 권이라서 조금 더 발전된 모습을 보인다. 나는 자주 천안과 아산에 임장을 지난 1년간 다녔고 그전에도, 항상 놀러 천안-아산 쪽을 다녔기 때문에 그곳 분위기 도시의 발전 모습을 볼 수 있는데 제 2의 서울이라고 할 만큼 도시의 문화와 분위기가 좋아서 나의 투자처의 1순위로 선정해 보았다.

| 평택

평택도 서울과 연결된 경기도의 한 지역이다. 평택은 미군기지 이전으로 앞으로 더욱더 발전할 것이라고 생각한다. 특히나 삼성으로 인한 호재가 있으므로 불멸의 도시가 되지 않을까 싶다. 특히 평택 항이라는 항구까지도 끼고 있기 때문에 금상첨화인 도시이다. 과거 평택에서 1년 정도 살고 직장생화도 해봤지만, 전반적으로 도시 분위기도 좋고, 서울과의 접근 성이 좋아서 문화생활 측면에서도 매우 만족했다. 평택도 자주 임장을 가는데 하루하루 도시의 변화가 눈에 보이는 곳이다. 가격이 다소 작은 씨드로 접근하기에는 힘들다. 나도 천안 아산 투자 이후에 요새 다시 공부해 보는 곳이 평택이다. 저 평가 된 가격에 구매해서 진입을 하는 것이 핵심이기 때문에 진입장벽이 낮은 도시는 아니다. 중.고수 투자자에게 적합한 도시라고 생각한다.

3. 세 번째 무기: 현금(돈)

현금을 모아라

1) 인플레이션 시대에 그래도 현금이 필요한 이유

하루가 다르게 인플레이션(화폐의 가치는 하락하고 물가수준이 지속적으로 오르는 현상)으로 인해 근로소득의(내가 벌어드린 화폐) 가치는 떨어지고, 물가는 오르고 있다. 특히나 대표적인 실물 자산의 집값은 이제 월급을 모아서는 도저히 살수 없을 정도로 올랐다. 먹고 살기 위해 내가 벌어들인 화폐로 구매할 수 있는(교환할 수 있는) 용품 및 식품가격과 같은 생활물가 또한 실제로 체감이 될 정도로 엄청난 속도로 오르고 있다. 최근 일어 난 파 테크(파값 한단의 가격이 너무 올라 파를 집에서 길러 먹거나 파는 재테크.), 달걀파동(달걀이 매우 비싸서 밥상에 올리기가 무섭다.)을 생각해봐라. 화폐는 종잇 조각에 불과하다는 소리가 절로 나온다. 근로의욕은 떨어지고 가진 자산이 없을수록 불리해지는 세상에 살고 있다. 일찍이 포기하고 자폭(자기 스스로 3포 세대,5포 세대로고 칭한다.)하는 사람들이 늘고 있다. 화폐의 가치가 점점 평가 절하되는 사회를 살아가는 우리지만, 그래도 현금이 필요하다. 현금은 결국 우리가 필요한 무엇과 바꿀 수 있는 교환가치를 가진 것이기 때문이다. 생활필수품부터 집까지, 원하는 것을 가지기 위해서 우리는 현금이 있어야 한다. 현금의 가치가 인플레이션 등의 경제, 사회변화로 인해 그 가치와 필요량이 달라지겠지만, 최종적으로 내가 원하는 어떤 것과 바꾸기 위해서 사회적 약속이 된 화폐이고, 우리는 이 지폐가 필요하다는 것이다.

세상과 경제 상황은 늘 다양한 변수에 있어서 움직인다. 고정되는 것이 아니라 계속 변화한다. 변화하기 때문에 그 상황 속에서 무엇인가 갖기 위해 우리는 현금을 늘 보유 하고 이 현금을 활용해서 더 많은 현금을 만들어 내야하며, 현금을 통해 최종 자신의 목표를 이루는 수단으로 삼아야 한다. 예를 들어, 주식시장은 늘 오르기 만하고 떨어지기만 하지 않는다. 항상 움직인다. 떨어진 날도 있고 오르는 날도 있다. 늘 공부하고 시장에 대해서 현금을 보유하며 관망하거나 소액으로 투자 연습을 지속해 나간다면, 언젠가 내가 보유한 현금을 적절한 타이밍에 투입하여 더 많은 현금을 만들어 낼 수 있다. 종국적으로는 집 같은 실물 자산을 살 수 있는 기회를 갖게 해주기 때문이다.

또 하나 현금을 가지고 있어야 하는 큰 이유는, 현금은 자본주의 세상에서 나를 지켜줄 수 있는 하나의 무기이기 때문이다. 위기에 처했을 때, 혹은 나의 사랑하는 사람을 지켜줄 수 있는 하나의 수단이 될 수 있다. 그렇기 때문에 늘 현금을 어느 정도 가지고 있어야 한다. 내가 아플 때 병원에 가서 큰 치료를 받아야 할 때라든지, 가족이 곤경에 빠져서 돈으로 해결해야 할 때 결국, 현금이라는 수단을 통해서 내 진심 어린 마음대신 실질적으로 사건을 해결해줄 솔루션(solution)이 되기 때문이다.

2) 현금 모으는 방법

자, 이제 우리는 위에서 설명한 바와 같이 일정량의 현금이 필요하다. 이제는 어떻게 모으는 것이 좋을지 생각해보자.

첫 번째로 저금&적금을 추천한다. 무조건 통장에 넣어라! 나는 초등학교 4학년 때 즈음에 엄마가 동네 새마을금고에서 처음으로 통장이라는 것을 만들어주었다. 그때 처음 어른들에게 받은 세뱃돈이나 집에서 얻은 잔돈 따위를 무조건 새마을 금고에 가서 통장에 저금을 했는데, 그게 이제까지 습관이 되어서 돈만 생기면 무조건 통장에 넣는다. 처음가보는 은행에는 예쁜 아가씨(언니)들이 있었고, 늘 나에게 칭찬도해 주고 관심을 가져줘서 기분이 좋았다. 푼돈이라도 뭉치면 큰돈이 될 수 있다는 것을 새마을 금고를 드나들며 채득하였다. 지금도 이 방법으로 실물 통장을 가지고 시간 날 때 은행에 가서 저금하고 하는 것을 즐긴다. 요새는 비대면 통장 개설 및 온라인 통장도 활용한다. 하지만 여전히 내가 주력하는 통장을 만들어서 그곳에 보너스(bonus)나, 명절 떡값 등 예상치 못한 돈이 생겼을 때 그 돈을 은행에 가서 저금(적금)을 한다.

저금통장을 통한 푼돈을 목돈으로 만들기가 끝났다면, 두 번째로 목적 별로 꼭 통장을 나누라고 말하고 싶다. 한때 나도 주거래 은행에 모든 돈을 넣어놓고 쓴 적이 있었는데, 모든 돈이 한곳에 들어오고 한곳에서 나가니 편리하긴 했지만, 돈 모을 때는 도움이 안 되었다. 일단 한곳에 모든 돈이 들어오고, 생활비 등으로 한꺼번에 빠져나가고 남아있는 돈이 그 계좌에만 차곡차곡 쌓였다. 그러다 보니 돈이 생각보다 많다는 착각이 들어 자꾸 불필요한 소비를 하게 되었다. 그 돈이 모으는지 빠져나가는지, 내 목표대로 잘 흘러가지 않았다. 지출 통장과 꼭 모으는 통장을 분리하라. 모으는 통장의 경우 "00년 안에 집사기 통장(청약통장 저축)"이나 "00년에 결혼준비"와 같은 목적에 맞는 통장으로 개설하여 모으려고 했던 돈을 나누고 통장 별로 적금액수와 주기를 정해서 규칙대로 꾸준히 모아가는 것이 좋다. 나머지는 쓰는 생활비 통장에서 쓸 돈만큼을 넣고 빠져 나가게 해라.

나의 26주 적금 도전기

사회 초년생이나 알바를 하는 대학생이라면 26주 적금 챌린지를 추천하고 싶다. 한참 재테크 정체기에 한동안 즐거움 없이 하루하루 소비만 늘어가고 인생이 무료해질 때 즘 도전했던 적금이다. 카카오 뱅크에 26주 적금 챌린지가 있다. 26주(근 6개월 정도)동안에 매주 내가 정한 날짜에 적금을 하는데, 적금을 할 때마다 내가 정한 일정 금액을 증액해서 적금해야 된다.
예를 들어 26주 적금을 1천원으로 시작하면 그 다음주에는 2천원 적금, 다 다음주에는 3천원 적금을 하는 식으로 26주후에는 내가 만든 목돈을 찾을 수 있는 도전이다.

이 적금은 저축 습관을 들이는데 유리하고, 내가 무엇인가 도전하고 목표에 도달하는 성취감을 준다. 나의 경우 1만원으로 시작하여서 마지막 주에는 거의 나의 한 달 월급을 다 적금할 정도의 상태가 되었다. 결국 26주 후 마지막에 350만원 가량의 목돈을 만들 수 있었다. 그 돈을 맞추기 위해서 적금의 난도가 점점 높아졌고, 목표를 달성하기 위해 약속도 줄였다. 생활비도 줄여서 겨우 적금을 끝마칠 수 있었다. 적금 챌린지가 끝난 후, 그 목돈을 이용해서 재투자를 할 수 있었다. 적은 돈이지만 350정도면 단기 운용자금, 씨드머니로 활용하여 주식소액투자를 시작 할 수 있는 돈이 된다. 의욕 없고 지루한 일상에 무엇인가 하고 있다는 성취감도 가져갈 수 있으니 효과적이다. 꼭 참고 26주간 한번 꼭 해보길 바란다. 중간에 포기하는 사람이 생각보다 엄청 많다는……

매일매일 커피 값 적금 기

현재 나는 푼돈 모으기를 진행 중이다. 이것도 카카오뱅크를 이용해서 매일매일 적금을 한다. 하나는 1,500원씩 매일 1년 동안 도전 중이다. 이것은 나를 위해 여행을 갈 때 쓸 계획이다. 푼돈이지만 나를 위해 매일 1,500원이라는 돈을 아끼고 적금한다는데 의미가 있다.

다른 하나는 커피 값 적금이다. 커피 값 한잔에 5천 원씩 매일 따지면 한 달에 20만원이 넘게 나가는 셈이다. 나도 가끔은 카페에 당연히 가고 즐기지만, 직장생활 하는 평일 점심에 시간에 쫓기면서 까지 카페에 가지 않는다. 동료들은 매번 식사 후 30분남은 시간 동안에 카페에 가서 수다를 떨거나 테이크아웃 커피를 마시는데, 나는 무리에서 벗어나서 커피 값을 매일 적금하고 있다. 5천 원씩 매일, 6개월 하는 적금으로 도전 중이다. 2021년 10월 달에 만기인데 아직 이 돈은 뭐할지 생각한 적은 없다. 사실. 스타벅스 기프트 카드를 지를 수도 있다.(참고로 나는 스타벅스 주주이다.) 호호~ 어쨌든 매일 열심히 일하지만, 일적으로 크게 성과를 나타내거나 하는 일은 아니어서 나의 매일 적금을 보면서 그래도 내가 열심히 살고 있구나 하는 느낌을 가진다.

TIP 푸리덤의 적금 포트폴리오

나는 현재

-월급 입·출금 통장: 소비통장. 통신비, 주유 비 등 소비 할 고정비용 돈만 남기고 나머지는 적금통장으로 이동시킨다.
-주택청약통장(자율적금포함): 다달이 월급 중 일부를 목돈을 만들려고 적금을 한다. 가장 내 돈이 많이 들어간 적금이다. 100~만원 정도 저금한다.
-외화통장: 국민은행 외화통장을 이용하는데, 남는 돈이 있거나 했을 때 조금씩 저금한다.
-소액적금: 매달 10만원씩 월급에서 공제한 적금 넣는 중이다. (회사운용, 복리 식)
-적금: 카카오뱅크 매일 적금1,500원, 카카오뱅크 매일 적금 5,000원을 하고 있다.

이외에 농·축산농협 거치식 예금 등을 이용해서 일정부분의 현금 목돈은 적금통장에 거치 식으로 6개월~1년 정도 박아두었다. 절대 언터쳐블(Untouchable)! 입금 후 절대 깨지 않는다. 안전자산이자 최소한의 지켜야 될 현금은 꼭 거치 식 적금에 넣고 손대지 않는다.

3) 얼마큼 모아야 되나

사실 책을 쓰는 동안 1억이 넘는 현금(+주식)을 보유하고 있었다. 2채의 집에서 한 채를 팔아서 생긴 돈이었다. 목돈을 어찌 굴릴까 하던 차에 계속 다음 부동산 물색을 위해서 노력한 결과 청약이 되어서 계약금이 들어간 상태로 현재 현금은 6천정도 보유하고 있다(적금으로만, 주식별도). 사실 청약도 처음에는 떨어졌고, 이후 추가모집에서 당첨되었다.

돈 자랑을 위한 것이 아니라, 집필의도에서 적었듯이, 경제적 자유를 달성하고 나만의 라이프를 실행 하는 데에 있어서 현금은 사실 많으면 많을수록 좋다. 하지만 우리는 평범한 직장인 이라는 전제하에 현금 1억이라는 돈이 있다면, 유의미한 운용과 투자가 될 만 한 돈이라고 생각한다. 예전에 비해서 1억이라는 돈의 가치가 하향된 것은 사실이다. 하지만 이 돈을 만지기까지 직장인으로써의 애환을 글로 적으라면 나는 참으로 힘들었다고 얘기하고 싶다. 먹을 거 입을 거 모든 것을 컨트롤(통제, control)하고 절제와 인내를 배워야만 도달할 수 있는 금액이기 때문이다.

운 좋게 그냥 생긴 돈이 아니라면, 내 노동으로 내 노력으로 한 땀 한 땀 일궈진 1억이라면 그 1억의 가치는 어마어마하다. 누군가는 증여를 통해 몇 억씩, 혹은 운이 터져서 가상화폐가 대박이 나서 등 이런 식으로 벌었다면 1억이란 돈의 의미를 잘 모를 것이다. 얼마나 이 돈이 가볍지만 절대 가벼울 수 없는 돈이라는 것을 말이다. 사실 5-6년이면 1년에 2천씩이라는 계산으로 5년만 모으세요! 라고 간단히 말하겠지만, 그렇지 않다. 2천에서 3천 사이를 버는 직장인에게, 그것도 독립하여 나의 삶을 살고 있는 직장인에서 순수 1억이라는 돈이 손에 쥐어지기까지 최소 내 생각에 7년 정도는 걸린다고 본다. 인생의 변수는 있기 때문에 빨라야 7년이고 길면 10년까지도 걸리는 게 당연하다. 7년이든 10년이든 도달해낸다면 다행이고 잘 한일이다. 그것도 못하는 사람들이 태반이다. 안 해보고 못해보고 1억이라는 돈이 아무것도 아니라는 식으로 비웃어 내는 사람도 많기 때문이다.

내 책을 읽는 사람이 20대라면 지금부터 시작하면 된다고 얘기하고 싶다. 지금부터 천천히 가면된다. 목표를 잃지 않고 위에서 알려준 방법처럼 각종 적금을 통해 꾸준히 해낸다면 5년이 걸리든 10년이 걸리든 어째든 그 사람은 가랑비에 옷 젖듯이 1억이 찍힌 계좌를 가지게 될 것이다. 천천히 가도 괜찮다. 젊은 시절의 자신을 위한 투자를 경시 하지 말고 돈과 병행하여 가면된다. 절대 가는 길에 목표를 잃지만 않는다면 할 수 있다.

내 책을 읽는 사람이 30대라면 지금이라도 늦지 않았다고 얘기하고 싶다. 각자 사정이 다 다르기 때문에 집안 사정 등으로 모으지 못 했을 수 도 있기 때문이다. 현재 가진 돈에 집중하기 보다는 내 책을 읽고 지금이라도 자신의 재정상황 및 환경들을 점검하고 어떻게라도 내 이름 내 명의의 통장들을 만들고 조금이라도 나의 자산 및 현금을 어떻게 얼마나 만들어 갈 것인지 포트폴리오를 하루 빨리 만들고 실천하기를 바란다. 30대라면 조금 빡세야 된다. 20대처럼 천천히 할 때가 아니다. 돈 없고 늙어가는 나와 마주하기 싫다면 조금은 빡세게 목표를 가지고 그것에만 집중하라고 말하고 싶다. 이미 자산 형성을 하고 있고 목표를 달성도 되신 분들께는 고생했다고 얘기 해주고 싶다. 잘하셨다고. 그리고 같이 더 나아가자고 얘기하고 싶다. 더 멋진 삶을 함께 꾸려가자고. (부모 잘 만난서 거저 얻으신 분들은 타고난 천운이니 참으로 부럽다.)

4) 현금 활용법

'돈은 돌아야 돈이다.' 라는 말은 들어본 적이 있는가? 사실 나는 어릴 때부터 저 소리를 무진장 들었다. 하지만 20대 때 초중반에 경제에 무지했다. 사실 관심은 있고 책도 그때부터 계속 읽었지만, 저 소리를 온전히 이해하지는 못했다. 계속 읽고 사회생활을 본격적으로 하고 30대가 되면서 늦게라도 깨 달았으니 다행이다.

돈은 돌아야 돈이다. 돈은 주머니에만 가득 넣어두고 있으면 돈이 아니다. 위에서 적금의 중요성 현금 확보의 중요성에대해서 실컷 얘기했지만, 돈을 적금 통장에 처박아 두라는 게 아니다. 다음 스텝 즉 소비(spending)와 돈을 돌리는 활용이라는 것에 대해 얘기하기 위해 의미 있는 운용자금인 1억이라는 돈을 모아보라고 얘기했던 것뿐이다. 그것이 1억이 아니어도 괜찮다. 5천이든 3천이든 개인의 상황에서 목표한 유의미한 돈이라면 우리는 이제 돈을 돌려야 한다.

씨드머니 1천이 있다고 가정을 해보자.
a. 1천 만원의 돈을 오롯이 소비에 지출하였다. 1천만 원짜리 A사 가방을 샀다. 소비가 발생했고, 나는 이 소비를 통해서 A사 가방에서 우월감과 만족감을 샀다고 치자. 이 소비로A사는 생산을 하고 직원을 고용하고 직원들은 월급을 받고, 월급으

로 차도사고, 집도사고, 혹은 외식도 한다. 나는 가방을 가졌지만, 현금은 이제 없다. 나한테는 금전적인 −를 초래했다. 그래도 이렇게 세상에 돈이 돌고 도는 데에는 일조했다. +

b. 1천만 원의 돈으로 주식을 샀다. 투자가 될 수도 있고 소비가 될 수도 있다. 천 만원의 주식을 사면서 A증권사에 수수료를 줬고 회사가 운용 되어 직원을 고용하고, 직원들은 월급을 받고, 소비를 한다. 돈이 돈다. 투자에 성공할 경우 10%를 벌어서 1100만원을 다시 받게 된다. 현금을 올바른 투자로 증가시켰다. ++

투자를 실패해도 a증권사에 수수료를 줬고 회사가 운용 되어 직원을 고용하고, 직원들은 월급을 받고, 소비를 한다. 돈이 돈다. 다만, −난 만큼 나는 손실을 본다. 1천의 가치가 700이 된 것이다. 내 돈 300을 가져간 시장 참여자들은 돈을 벌고, 그것을 어딘가에 소비를 한다. 돈이 돈다.

c. 이것저것 두려워서 아무것도 하지 않고 적금을 하였다. 1%을 금리를 받는데, 물가는 1년에 3-5%가 올랐다. 사실 내 돈 일부가 사라진 것이다. 이것이 마이너스 금리현상이다. 이 속에서도 돈의 가치는 변했고 돈은 움직였다. 아무것도 하지 않았는데 손실을 보았다.(투자를 하지 않았고) 아무것도 하지 않는 것이 위험한 세상이다.

돈을 벌고 쓰고 하는 단순한 행위가 이 세상 모든 것들과 연결되어 다양한 현상들을 만들어낸다. 소비가 굳어버린다면, 기업들이 힘들어지고, 해고가 늘어나고 소비가 위축되는 것처럼 개개인의 작은 경제생활이 거시적 경제로 연결이 된다. 내가 고용주로부터 돈을 받을 때부터 돈은 돌고 돌고 있다. 버는 것도 중요하지만, 내가 힘들게 번 돈이 유의미하게 세상과 나에게 일조될 수 있도록 공부를 해야 한다. 내가 일으킨 소비가 나비효과가 돼서 당장은 내가 –마이너스여도 사회적으로 +를 만들 수 있는 방향으로 흘러가는 경제활동을 해야 한다.

뭉칫돈, 유의마한 현금이 주어졌을 때,
1. 나에게도 +, 사회에도 + 되는 방향의 좋은 투자를 하는 방식으로 현금을 활용하는 것이 최고다. ex) 가치 있는 기업에 투자하는 것
2. 나에게는 – 지만 사회에서는 + 되는 방식의 운용
ex) 벤처기업의 가치를 보고 투자하였으나, 투자 방향이 잘못되어 일정 부분 손실을 본 경우.
하지만 또 이를 통해 투자 포트폴리오에 대한 분석을 다시 하고 공부해봐야겠다.
3. 소비가 잘못된 것이 아니다. 나에게 + 영향을 주고 사회적으로 +로 가는 소비라면 나는 찬성한다.

ex) 금융공부를 위해 재테크 책을 구매했고, 책 구매가 책방, 출판사, 작가에게 영향을 주었다.

유흥이나 도박, 1회성 잠시의 편리나 쾌락, 남에게 악이 되는 방식의 소비는 좋지 않다.
ex) 회사에서 기분이 좋지 않아서, 헬스장을 빠지고 친구를 불러서 술 마시고 담배를 피웠다.
돈은 돌고 돈다. 내가 주는 선한 영향력이 결국 나에게 돌아온다는 것을 알고 소비를 기준을 가지고 소비하는 것이 좋겠다.

04 쉽고 빠르게 파이어족 되기

머니 파이프라인, 부수입으로 씨드 만들기

파이어족이 가장 걱정되는 부분이 결국 현금 흐름일 것이다. 당장의 월급이라는 현금 흐름(소득)이 끊기면 어쩔 것인가? 불안한 마음이 엄습하고 고심해서 결정한 나의 퇴사 결정이 후회로 몰려올 수 있다. 이러한 부작용을 완화해줄 준비운동 방법과 나보다 쉽고 빠르게 파이어족으로 이루게 해줄 방법들을 공유해보고자 한다.

1. 돈 없어도 주식, 펀드 꼭 해라.

2006년도인가 2007년도 즈음 처음 주식이라는 것을 알게 되었다. 대학교 때 친한 오빠의 친구(형)가 우리학교로 편입해서 왔는데 대학시절 우리에게 만날 때마다 밥도 사주고 술도 사주는 사람으로 그 시절 선망의 대상이었다. 처음에는 이 사람이 소위 금수저 라고 생각했다. 하지만 알고 보니 주식으로 돈을 번 것이었다. 전문대에 다녔었는데 인생 역전을 위해서 죽자 살자 몇 개월 동안 일을 해서 씨드머니 2천 정도를 모았고 그 것으로 국내 주식 관련 모든 책을 사서 몇 개월 동안 잠도 안자며 공부를 했다고 한다. 이후 주식 투자에 성공하여 그때 당시 SM3?5 인가하는 차를 현금으로 구매하였고, 아파트도 구매했다고 한다. 거의 수익이 1억을 넘었던가 같다. (벌써15년 전 이야기이다.) 이후 4년제 학교로 편입도하였고, 새 차를 타고 학교를 다녔고 새로 사귄 나 같은 학교 후배나 친구에게 늘 밥 잘 사주는 오빠였다. 늘 술 마시고 놀다가도 일정 시간이 되면 새벽부터 시장을 공부해야 하기 때문에 집으로 갔다. 늘 새벽에 장시작전 공부로 시작한다고 했다. 어렴풋이 처음 호기심을 가졌고, 책을 몇 권 읽긴 했는데 대학생이었고 자본주의에 무지했던 나로서는 책의 내용이 이해가 가지 않고 어렵게만 느껴졌다. 주식은 일단 내버려두고 간접 투자할 수 있었던 펀드에 가입하였다. 국내 우량종목으로만 구성되었고, 코스피 지수 2000선에서 왔다 갔다, 지수를 추종하는 펀드였다. 이것도 나름대로 펀드 관련된 책을 읽었고 우량주가 안전하고 지수추종이 제일 쉬우면서 장기투자로 좋다고 해서 나름 선택지를 가지고 은행에 방문하여 등록한 것이었다. 펀드는 말 그대로 변화가 있지만, 변화가 크지 않았고 큰 금액도 들어가지 않았으므로 1년 뒤 기간이 되어서 −1.5%정도 손실을 보고 해지하였다. 이때 펀드를 해지하지 않았다면, 조금 더 금융시장에 대한 이해가 되었다면? 지금 그 펀드의 수익률을 어마어마했을 것이다. 장기로 더 투자했어야 된다는 것도 알았을 테고, 1.5%대의 손실은 펀드를 해지하지 않는 이상 잠정적 손실에 불과하다는 사실도 알았을 텐데. 아쉬움만 남는 투자였다.

아쉽기는 하지만, 그때는 거기까지 만이었던 것이므로 후회는 없다. 결국 졸업 후 직장생활을 하며 월급을 받기 시작하면서 사회에 대한 이해 기업과 산업에 대한 이해를 할 수 있었고, 현재 시중 주식 책들에 대한 이해도 가능하게 되었으므로 조금은 늦었지만. 그때 그래도 무언가 해봤다는 걸로도 기특한 마음이 든다.

아무런 관심을 갖지 않고 무엇인가 시도조차 해보지 않는다면, 어떤 시기가 와도 영원히 무지 속에 있게 되기 때문이다. 첫 투자, 첫 시도, 첫 숟갈에 배부르랴?

현재 주식 단톡방 스터디 모임을 1년 정도 가까이 사람들과 해 왔는데, 그곳에는 16살부터 이미 주식을 시작한 친구도 있다. 빠르던 늦던 지금 이제 시작하는 것이 의미가 있다. 발전해 나 가고 만들어 나가는 것이다.

2. 시간 없어도 무조건 공부해라. (주식 공부, 부동산 공부)

직장인은 늘 시간이 없다. 대한민국 직장인이 시간이 없다는데 나도 동의한다. 나조차도 하루하루 직장에 모든 에너지와 시간을 쏟고 있기에 출퇴근 전후 시간내기가 힘들다. 퇴근 후 뭐라도 해 볼 결심을 하지만, 집 청소, 식사 챙겨먹기와 휴식을 조금 하고 나면 벌써 잘 시간이다. 야근이라도 하는 날에는 거의 내시간은 없다. 시간이 있다고 해도 이미 온통 하루 종일 정신 없이 일한 탓에 에너지는 방전된 상태이다. 이렇게 바쁘고 힘든 하루하루 월급 받고 살아가는 것만으로도 대견한 대한민국 직장인들! 하지만 이러한 이유로 투자 공부(재테크)없이 인생을 살아가게 된다면 정말 큰 대가를 치르게 된다.

바로 내 시간과 에너지는 모두 회사(고용주)를 위해서 쓰게 되고, 결국 어영부영 시간만 가게 된다. 결국 내 호주머니 속에는 몇 푼 월급 모은 것과 연금 조금뿐이다. 예전처럼 오랜 근속 후 연금만으로 먹고 살게 노후생활도 완벽하게 보장되어있지 않고 은퇴 후에도 돈에 궁핍하고 늙은 내 자신을 만나게 될 뿐이다. 자본주의 사회에서 인플레이션으로 인해 결국 내가 모은 돈과 정부나 회사 등에서 추후 제공할 그런 연금 급의 금액은 우리가 현재 생각한 가치보다도 많이 떨어져있을 것이다. 결국 투자 공부 등을 하지 않고 월급만 따박-따박 받고 통장에 모은다는 것은 오롯이 내 시간 에너지를 뺏기는 것뿐이다. 내 시간 에너지를 바꿔서 받게 된 월급의 가치까지 시간의 흐름에 따라 그 가치는 점점 사라질 것이다.

그래서 우리는 공부를 해야 하는 것이다. 자본주의가 무엇인지, 금융은 무엇인지, 내가 얼마를 벌고 있고 그 돈은 활용해서 어떻게 자산을 축적하고 미래에 조금 더 풍요롭게 살아갈 것인지를 끊임없이 질문하고 공부해야 하는 것이다. 어느 누구도 친절하게 다가와서 자산포트폴리오를 짜주고 과외 시켜주고 내 돈을 불려주지 않는다. 내가 결국 공부해서 좀 더 좋은 의사결정이나 판단을 할 수 있게 만들어 통찰력을 통해 내 돈을 투자하고 내 돈들을 더 크게 만들어 가야 하는 것이다. 월급쟁이로 부자가 될 것을 꿈꾸거나 부자가 되라는 것을 이야기 하는 것이 아니라. 월급쟁이 노동자(근로자)로써, 내가 힘들게 번 돈을 지키자. 현재는 힘들지라도 그래도 희망 있는 좀 더 나은 미래를 만들어가자는 것이다. 그래서 공부를 강조하는 것이다.

나도 퇴근 후 진이 빠지고 아무것도 하기 싫을 때가 많다. 이미 지쳤기 때문에 만사가 귀찮다. 하지만 꼭 공부하는 습관을 길렀고 지금도 꾸준히 하고 있다. 나는 다행이 아침 형 인간에 가깝다. 일찍 일어나 출근 전 재테크 관련된 책을 읽거나 주식 시황에 관련한 방송을 본다. 점심시간에는 산책을 하면서 경제, 사회뉴스를 듣는다. 퇴근 후에는 재테크 마인드 셋을 하기 위해 존경하는 부자들의 책이나 강의를 들으면서 하루를 마무리한다. 나도 매일 365일 똑같이 하기는 힘들지만, 꼭 공부를 위해 나만의 시간을 가진다. 특히나 주말에 토요일이나 일요일에는 사람 없는 시간에 스타벅스에 가서 경제 기사 등을 읽으며 커피를 음미한다. 시끄러워질 때 즈음 되면 집에 와서 휴식도 취하고 운동도 간다.

우리는 결국 없는 시간을 만들어 내야 한다. 시간을 만들기 위해서 결국 불필요한 시간을 줄이는 수밖에 없다. 불필요한 만남을 한다든지, 쓸 때 없이 낭비되는 시간을 버리고 혼자 있는 시간을 가져야 한다. 공부하고 연구하는 고요하고 고독한 시간이 나를 위한 성장을 위해 꼭 필요한 시간이라고 말하고 싶다. 외톨이가 되는 시간을 두려워하지 말 것.

3. 비트코인 투자가 위험한가?

비트코인에 대해서 한번쯤은 들어봤을 것이다. 비트코인에 대해 잘 모르는 독자라면 나무위키를 통해서 비트코인에 대해 읽어보기를 권유하겠다. 비트코인은 쉽게 말해 국가(정부)가 공식적으로 발행한 화폐가 아니라 개개인들이 화폐라고 합의한(인정한) 비트코인(가상화폐)을 서로 돈처럼 거래하는 것이라고 볼 수 있다. 가상화폐가 대한민국 거래소들에서 거래가 되면서 너도 나도 비트코인에 투자를 했다. 투자자들이 돈을 벌었다고 연일 언론 매체에서 대서특필됐고 수요가 증가하여 가격은 계속 올랐고 엄청난 광풍이었다. 하지만, 2018년 박상기 법무부 장관이 비트코인 투자를 투기로 봤고 법적 화폐가 아닌 암호 화폐에 대한 금지를 하는 법안을 준비했다. 또한 거래소 파산에 대한 방안을 추진한다고 하니 비트 코인가격이 급락하며 비트코인 외에 마이너한 알트 코인들까지 폭락하면서 많은 투자자들이 돈을 잃게 되었다. 규제로 인해 거품이 한 번에 빠지며 투자자들은 큰돈을 잃게 되었다. 그 이후 코인시장은 얼어붙었다. 튤립이네 버블이네 하면서 비트코인에 인기는 사그라졌고 이후 비트코인에 투자한다고 하면 무조건 투기꾼이라는 오명을 얻게 된다. 강원랜드에 가는 도박에 미친 사람 정도로 업신여겨졌다. 사실 이때 당시 코인에 대해서 제대로 된

연구 자료나 코인의 원리 등에 대해서 이해하는 사람은 많지 않았다. 나는 끝 물 이후에 왜 사람들이 그 난리가 났는지 궁금해서 시중에 나와 있는 코인에 대한 책을 다 읽었다. 주변에 비트코인으로 소소하게 나마 몇 백만을 번 사람도 있었기에 더 궁금하기도 했다. 뭐기에 진짜 돈을 저렇게 쉽게 벌고, 뭐기에 저렇게 투자가 망해서 한강에 간다고 난리들인지.

어째든 비트코인은 현 세대 우리가 살아가는 블록체인이라는 기술을 함축하고 있는 가상화폐(가상자산)이다. 비트코인관련된 저자 중 돈을 많이 번 사람이 있었는데 비트코인에 대한 찬양론에 가까운 책을 썼다. '비트코인 1억 간다.' 이었나? 어째든 박상기의 난으로 이미 관심밖에 책이 되어서 도서관에서 내 마음대로 모든 책을 빌려 볼 수 있었고, 책을 읽다 보니 저자의 강력한 메신저가 마음에 와 닿아서 투자를 하기로 했다. 현재는 예전보다 그 이해도가 높았지만 2019-20년경 비트코인을 구매할 당시 내용에 대한 이해도는 떨어졌다. 있어도 그만, 없어도 그만인 돈으로 투자를 마음먹고 200만원 가량의 비트코인을 구매하게 되었다.

비트코인 평 단가 750만 원 정도에 구매하였다. 이후 2020-2021년 오랜만에 계좌를 열어보니 하루하루 계좌가 빨간색으로 물들고 그 금액이 배로 뛰고 있었다. 돈이 이렇게 커질 수 있는 거야? 내 눈으로 보고도 믿기지 않았다. 수익률도 400프로에 가까웠다. 소액으로 했기 때문에 엄청나게 큰돈은 만지지는 못했지만 어마어마한 수익률로 인해서 나는 투자금액의 몇 배에 돈을 챙기게 되었다. 그 돈을 찾아서 농협 통장으로 이체했는데 정말 믿겨지지 않고 행복했다. 나름 투자를 통해 큰돈이 생겨서 기분이 매우 좋았다.

그 이후 잠시 쉬면서 이더리움, 리플 등도 소액으로 꾸준히 투자하고 수익금을 인출하고 몇 번을 반복하였다. 요새는 이쪽에 관심을 가지면서 조금씩 투자를 지속하고 있다. 비트코인에 대한 이해도는 예전보다 나아졌지만, 그렇다고 온전히 이것을 내가 잘 100프로 안다고 말 할 수는 없다. 하지만 가상화폐, 가상 자산에 대한 역사 및 블록체인기술, 여러 코인 등에 대해 찾아보고 조금씩 알아가고 투자해 나가는 것이 즐겁다. 또한 미래가치가 충분히 있고, 아직은 오히려 대중들에게 모든 것이 오픈되지 않았으므로 기회가 있는 시장이라고 믿는다. 강남 땅이 그렇게 개발될지 안 될지 우리 부모는 몰랐다. 알았어도 망설임과 용기 부족으로 제대로 질러보지 못한 우리네의 수많은 부모님들을 봐라. 왜 엄마는 그때 강남에 땅 한 평 안 산 거야? 라고 하듯이 비트코인의 미래는 아무도 모른다. 강남에 땅 한 평 없어도 가상자산의 보유로 인해 무엇인가 우리네 인생이 변할 수 있는 기회를 가지게 될지도 모르지 않는가? 나는 가상화폐에 대해서 긍정적으로 생각하고 앞으로도 계속 공부하면서 투자할 생각이다.

4. 무조건 파트타임! 몸으로 구르기

내가 특별한 기술을 가지고 있고 그 기술이 자본주의 사회에서 돈으로 환산 될 수 있는 가치 평가를 받는 사람이 있다면 그 기술을 활용해서 사업을 하든지 기술을 팔아서 살면 된다. 하지만 어떠한 특별한 스페셜리티(speciality)를 가지지 않은 평범한 사람이라면 결국 특정 시간을 노동으로 제공해서 그 대가로 돈을 벌 수밖에 없다. 평범한 직장인의 삶을 사는 우리네의 보통적인 모습이다. 이런 모습에 자괴감을 가지거나 비난할 필요는 없다. 이 상황 속에서 할 수 있는 최선을 다하면 되는 것이다. 결국 더 시간을 늘려서 일해야 하는 것이다. 정규시간 외 잔업이나 시간외 근무, 야근근무, 주말근무 등을 통해 수당을 챙겨야 한다. 이것조차 제공하지 않는 회사에 다닌다면 회사에서 일하는 정규 시간 외의 시간에는 다른 아르바이트를 병행해야 된다고 생각한다. 결국 빨리 종자돈을 마련해서 그 돈을 자산으로 바꾸어 일하지 않아도 생기는 소득을 증액시켜야 한다. 종자돈을 마련 할 때는 어쩔 수 없이, 어떤 일을 가릴 처지가 못 되기 때문에 체력이나 시간이 되는 선에서는 최대한 일하고 돈을 벌어야 된다고 생각한다. 나 또한 어릴 때부터 식당 서빙, 미용실, 마트 알바, 시간 강사 일 까지 안 해본 일이 없을 정도로 많은 일을 했다. 직장생활 동안에 특정기간

필요한 종자돈 마련을 위해 주말특근까지 열심히 했다. 찬밥 더운밥 가릴 때가 아니다. 목표기간과 목표 금액이 있다면, 어떻게 하면 더 벌 수 있을지 연구를 하고 실천해야 한다. 기술자가 아니라면 결국 단순노동의 시간을 늘려서 돈을 더 버는 수밖에는 없다. 아는 분은 결혼을 약속한 여자 친구에서 프러포즈 겸 선물로 명품가방을 사주기 위해서 퇴근 후 새벽 1시까지 대리운전을 했다고 한다. 나는 차사고가 나서 돈이 급하게 필요한 적이 있었는데 예상치 못한 비용을 마련하기 위해서 추가 근로를 일정기간 동안 매우 열심히 해서 내 종자돈을 건드이지 않고 일을 해결 한 적이 있다. 이처럼 뚜렷한 목표의식을 가지고 어떻게든 돈을 만들어 내야 한다. 한 살이라도 젊을 때 땀 흘리며 열심히 일하고 도전하고 돈 벌고 아끼고 뭐든지 해보는 것은 좋은 것이다. 부끄러울 필요 없다. 자본주의에서는 돈이 필요하고 평범한 사람으로 내 자산을 만들기 위해서 노동을 더한다는 것은 신성한 것이다. 나의 더 나은 삶을 향한 열정이기 때문이다.

5. 연봉을 높여라! 이직방법 / 직장선택법

내가 그나마 늦은 나이지만 집도 사고 차도 사고, 현금도 모았다. 주식도 가지고 있고, 코인투자도 하고 있으며, 몇 개의 적금통장 등을 소유하게 된 것은 결국 나의 근로소득을 통해서이다. 나는 어릴 적부터 일을 했다. 16살 나이에 돈이 너무 필요해서 나이도 속이고 돈가스 집에서 알바를 했고(이후 근로기준법의 강화로 부모님동의서가 있을시 만 근로가 가능하다.) 그 이후에도 해장국 집, 미용실 등 고 3때 빼고는 꾸준히 일을 했다. 20살 때 대학에 입학해서도 계속 일을 했다. 친구들과 놀아본 기억도 없을 정도로 일 학교만 반복했던 대학시절이다. 취업을 했고 이직을 했다. 결국 느낀 것이 근로 소득 자체가 높아져야지 돈을 모으기가 쉽다. 돈가스 집 아르바이트 때 시급은 푼돈이었지만, 대학교 3학년 때 시작한 파트타임 학원 강사는 시간당 돈이 쏠쏠했다. 과외 아르바이트는 더욱더 시간당 페이(payment)가 좋았다. 처음 직장생활은 아주 작은 월급이었지만, 이직했던 직장은 페이가 좋아서 내가 충분히 즐기고 궁핍하지 않아도 남는 돈이 있었다. 현재 월급은 별 볼일 없긴 하지만 꾸준히 우 상향 하고 따박따박 나온다. 하지만 역시나 여러 직장을 다녀보고 일해 본 나로써 느끼는 것은 벌이가 중요하다. 소득을 늘려야 한다. 내가 처음부터 지금까지 160-

180만 받는 직장에서만 일했다면 아마 지금의 경제적 환경에 놓여있지는 못했을 것이다.

첫술에 배부를 수는 없지만, 꼭 내 근로소득이 늘어나는 방향의 선택을 해야 하고 더 나은 직장에 가기 위해서는 자기 개발은 필수이다. 직장 생활 초년생에게는 꼭 몸값을 높여서 이직하고 더 좋은 직장에 가라고 얘기하고 싶다. 현재 직장 보수는 좋은데 너무 힘든 사람에게는 버틸 수 있을 때까지는 버티면서 최대한 그 기간 동안 돈을 많이 모으라고 얘기 해주고 싶다. 소비도 매우 중요하고 다음 장에서 소비에 대해서 얘기해 보겠지만, 결국 자본주의에서 중요한 것은 벌이다. 인컴 (Income). 직장인이라면 내 월급 외 자본수익을 만들던지 월급 외 파트타임 등을 통해서 꼭 벌이를 낮게 만들어야한다는 것이다.

05 파이어족에게 필요한 +α

나만의 3가지 무기가 장착된 당신, 그럼 다음단계에는 무엇을 하면 좋을까 고민하는 사람이 있다면 다음 장에 보여줄 플러스 알파 $+\alpha$ 를 참조해보자. 3가지 의·식·주가 해결됐다고 해도 여전히 불안한 사람들이 있을 수 있다. 조금 더 당신의 마음의 든든하게 해줄 다른 무기들도 소개 해보려고 한다.

1. 연금

1) 개인연금을 들어야하는 이유 (연금저축/연금보험)

점점 출산율은 줄어들고 이로 인해 생산 활동 인구는 줄어든다. 노인 인구는 점점 인구 구성 에서 높은 비율을 차지하게 되고 젊은이들은 이들의 연금을 책임져야 한다. 현재의 국민연금은 30~40년 후에는 고갈 될 것이고 제대로 지급되지 않을 가능성이 크다. 결국 국가는 사회 현상이 이런 식으로 변하게 될 시 약속했던 연금 분을 개인에게 지급하지 못하거나, 턱없이 적은 금액으로 지급 하는 방향으로 정책을 바꿀 것이다. 이런 상황에 마주할 때를 생각하여 나의 미래는 결국 내가 계획해야 한다. 나를 지키는 방법을 연구하고 준비해 나가야 한다. 우리나라의 연금제도의 역사는 선진국에 비해 매우 짧다. 앞서나가 그 동안 연금준비를 잘해 연금으로 노후를 보장해왔던 선진국들조차도 출산율 감소, 생산인구 감소 등으로 연금에 대한 고뇌가 깊은 상태이다. 이러한 상황에서 어떻게 하면 나이 든 후의 나의 삶을 지킬지에 대한 연구를 하고 방법을 강구해야 한다. 그 중 하나의 방법이 개인연금을 준비하는 것이다.

2) 연금을 선택하는 방법

그렇다면 미래를 위해서 어떤 준비를 해야 할까. 여러 가지 방법을 생각하다가 나는 개인연금을 가입하였다. 바로 연금 저축이다. 연금 저축의 유용성에 대해서 논란이 많지만, 나는 하루라도 어릴 때 일수록 연금저축에 가입하고, 일정기간 불입금을 빨리 채워서 노후 준비를 끝마치기를 추천한다. 나는 올해 처음 연금 저축에 가입했다. 늦게 가입하여 납입기간은 12년으로 했다. 연금 개시일은 최대한 빠르게 받고 싶어 55세로 설정하였다. 이 상품은 납입기간이 끝나면 죽을 때까지 연금을 받을 수 있는 상품이다. 충분히 내가 불입한 것 이상으로 돈을 받을 수 있다는 계산이 나왔고, 적은 돈이지만 노후에는 작게나마 도움이 될 것이라고 생각하여 가입하였다. 보통 10년 납입과 65세에 연급개시를 하는 것이 보통이나. 하지만 나는 나의 상황에 맞게 납입 기간을 늘렸고, 연금개시 날짜는 파이어족으로 사는 삶에 맞게 최대한 빠른 시기로 잡았다. 이 상품의 또 다른 장점이 있다면, 7년 동안 연금 납입을 한 후 해지 시 내가 낸 돈 원금 100% 에 이자까지 100%로 돌려받을 수 있다는 장점이 있었다. 7년 후에 적금 식으로 해지해서 돌려받거나 12년을 채워서 55세에 연금을 매월 조금이라도 받으면 된다. 어떤 식으로 지급 받을지는 7년 후에 생각해볼 계획이다.

연금저축은 크게 1) 납입 시 세금 해택 2) 납입 후 추후 연금 수령 시 세금 해택 상품으로 나뉜다. 나는 두 번째 방법을 선택하였다. 미리 세금을 내고 매달 추후 수령 시에는 세금 없이 돈은 받고 싶다. 연금저축은 금융, 재테크에서 상당히 오랜 시간 중, 장기에 걸쳐서 하는 투자이기 때문에 신중을 가해야 한다. 회사 선택 시 그나마 업계에 오래되고 탄탄한 회사를 고르는 것이 안정적이다. 신생회사나 자본력 없는 회사에 내 연금 저축을 붙다가, 연금 수령 즈음에 회사가 파산 할 수도 있기 때문이다.

연금저축에도 공격 형으로 원금을 주식 펀드 등 재투자하여 원금 보장이 되지 않는 상품이 있다. 안정 형으로 일정 금리를 고정해주고, 나머지를 +로 운용자금으로 해주는 돌려주는 경우가 있다. 사람의 성격마다 다르지만, 나는 다른 투자에는 공격적이지만, 연금만큼은 후자의 경우로 선택하였다. 연금은 그야 말로 노후에 안정된 미래를 위한 것이다. 남는 현금 등은 공격적인 투자를 선호하지만 이것만큼은 적금 형으로 차곡차곡 안정적인 선 안에서 하는 것이 좋다고 생각한다.

또 한 가지 연금 운용에서 팁을 주자면, 연금저축 가입 시 가입 금액을 너무 처음부터 크게 하지 말라. 추가 납입제도를 활용하는 것이 아직도 이익이다. 기본 납입금이 클 경우 그만큼 보험 회사 운용비 등의 수수료로 많이 빠져나간다. 추가납입을 통해 돈이 생길 때마다 더 납입 하는 것이 조금이라도 더 낫다. 그리고 적은 돈으로 납입 하는 게 부담이 없고 오래 문제없이 납입기간을 채울 수 있기 때문에 처음부터 무리한 금액으로 넣는 것은 추천 하지 않는다.

3) 연금활용법

결국 연금은 나의 미래에 노동력을 잃고 쉬어야 할 노년기를 지켜줄 아주 중요한 금융자원이 된다. 연금저축은 세제 해택이 큰 상품들이 많다. 이것을 추후 노년기에 연금으로 받아도 좋지만, 목돈 만들기의 일환으로 지금부터 장기간 계획 하에 납입하여 일시 금 수령의 형태로 받아 좋은 자산으로 바꿔도 괜찮을 것이다. 이것은 개인의 성향이나 재정 상황에 따라 천차만별이 된다. 나는 조기은퇴를 고려하고 있고 앞으로 파이어족의 삶을 살아갈 것이므로, 연금 상품을 추가로 가입할 계획이고 최대한 젊은 나이부터 연금수령을 할 계획이다. 결국 자본주의 하 인플레이션이 숙명이므로 연금 개시 일을 앞당겨서 천천히 계속 적은 돈이라도 받아나가는 것이 더 중요하다고 생각하기 때문이다. 젊어서 돈 없어도 서러운데, 늙어서 힘 빠져서 돈 없으면 얼마나 초라하고 비참할까? 자식이 부모 노후를 책임지는 시대는 이미 지금도 지났고, 이제는 국가도 완전히 믿을 수만은 없다. 내 미래를 위해서 미리미리 준비하자.

2. 배당주

1) 배당주에 투자하는 이유

배당주란 주식 중에서 주식을 보유한 주주에게 기업이 만들어
낸 이익을 현금 등으로 분배해주는 것을 말한다. (보통 현금 배
당을 하지만, 주식으로 제공되기도 한다.) 기업은 투자를 받기
위해서 주식을 발행하고 그 것을 판돈으로 기업은 생산 활동
에 투자를 하고 이를 통해 계속해서 이익을 만들어낸다. 일반
인들은 기업의 가치를 측정하고 기업을 선별하여서 주식이라
는 간접 투자 방식을 활용하여 기업에게 투자 자금을 제공하
게 된다. 회사에서 잉여 이익이 발생한다면, 그 이익의 일부를
현금 등의 형태로 주주에게 배당하여 주주와 함께 이윤을 공유
하는 것이다. 주식을 산다고 무조건 배당금이 나오는 것은 아
니다. 배당을 주기로 약속을 하고 얼마큼 이익을 공유할 것인
지 정해진 회사에서만 보상(배당금)을 제공 해준다.

주식을 소유하게 된다면 주가의 변동에 따라 1)시세차익을 볼
수 있고(매수, 매도 거래를 통해서) 현금배당을 지급하는 회사
의 주식을 소유하게 된다면 2) 일정기간(분기)에 따라 현금 배
당으로 일정액을 받게 되니 1석 2조의 효과를 누리게 된다. 주

식 투자금액이 적다면, 1주에 배당금이 450원이나 1000원 등, 그 배당금이 적게 느껴질 수 있지만, 큰돈을 투자하게 된다면, 450원 이라도 그 돈은 무시할 수 없는 큰돈이 된다. 이 배당금을 생활비로 사용하거나 재투자를 통해 돈을 계속 불려갈 수도 있다.

결국 위의 조건에 맞는 이익이 되는 투자하기를 위해서는 우리는 매도 시 시세차익을 +(플러스)로 볼 수 있는 우량 한 기업을 선택해야 한다. 또한 배당금까지 꾸준히 일정기간 동안 지급했던 회사를 골라서 투자해야 한다.

결국 나의 적은 시드를 조금씩이라도 불려나가기 위해서 복리식 적금효과를 보기 위한 방법으로 배당주에 투자하고 있다. 나의 경우 모든 포트폴리오를 배당주로 투자하지는 않지만, 최대한 리스크(risk)를 줄이고 안정적으로 운용해야 하는 돈 같은 경우는 배당주에 묻었다. 최소 주식 투자 금액의 30%이상은 배당주에 집중 투자하라고 권하고 싶다.

2) 배당주 선택하는 방법

그렇다면 우량 한 배당을 주는 주식은 어떻게 고를 것인가? 요새는 주식에 대한 정보가 인터넷에서 넘쳐나는 시대이다. 정보가 오히려 많아서 어떻게 선택해야 할지 오히려 망설이게 되고 선택하지 못할 정도이다. 정보를 제대로만 골라(sort)낸다면 배당주 투자로 이익을 만들어낼 수 있다.

주식초보자도 배당주에 투자할 수 있는 방법을 알려주겠다.

1. 일단 주식에 대한 기본 개념과 용어를 숙지한다.

-주식 기본서 읽기 or 귀찮다면 온라인 네이버 백과사전을 이용해 용어 등을 탐색하고 숙지한다.

2. 네이버 증권 사이트를 활용해라.

네이버 증권 사이트에는 많은 정보가 있다. 이것만 잘 활용해도 초보자가 주식 투자하는데 많은 도움이 된다.
일단 네이버에 배당주라고 치면 배당수익률 상위종목, 배당금 상위종목을 볼 수 있다. 리스트에 있는 기업을 쭉 훑어 본 뒤 투자할 기업을 1~5개 정도 선정한다.
이후 그 해당 기업에 대해 네이버에 검색하여 기업정보를 분석한다.

이후 최종 기업을 선택하고 1주라도 투자를 시작해본다.

*배당주 투자 시 주의할 점은 무조건 고배당을 해준다고 해서 무턱대고 투자하면 안 된다는 것이다. 기업의 재무제표 등 재정건실성이나, 매출 등 이윤이 떨어지지는 않는지 꼭 기업분석을 해야 한다는 것이다. 당장의 고 배당으로 투자자를 유혹 할 수도 있지만, 기업의 상황이 좋지 않아 배당을 중단하거나, 배당금을 삭감하는 경우도 많기 때문이다. 또한 주가관리가 되지 않아 배당은 계속해서 주지만, 기업의 주가 자체가 너무 많이 떨어져 손실을 보는 경우도 많기 때문이다.

3) 배당주로 용돈 받기

나는 배당주로 주로 재투자를 하기는 하지만, 가끔씩은 배당주로 받은 돈은 인출하여 그만큼 내 용돈 쓴다. 이것은 나의 삶에서 소소한 즐거움이다. 배당주로 쏠쏠히 치킨이나, 커피를 사 마실 정도는 돈이 나오기 때문이다. 먹고 마시는 돈을 배당주로 충당할 때는 기분이 매우 좋다. 공짜 돈이 생긴 기분이랄까? 이렇게 소비를 하는 것도 나쁘지 않다. 처음 생겨보는 공짜 돈(?) (사실 내가 공부하고 투자한 대가다. 하지만 불로소득으로 보는 시선이 많다.) 으로 내가 좋아하는 카페에 가서 디저트와 커피도 먹고, 맛있는 음식을 사먹기도 한다. 이럴수록 더욱 투자에 대한 매력을 느끼고 더 열심히 투자에 매진하게 된

다. 재투자도 좋지만 힐링 하면서 천천히 배당주 투자를 한다
면 단발성 투자로 끝나는 것이 아니라 롱런할 수 있을 것이다.

3. 유튜브(Youtube)를 활용해라.

유트브에도 각종 정보가 넘쳐나지만, 제대로 된 채널을 고른다면, 주식을 선택하는 데 많은 도움이 될 것이다. 2번의 방법을 통해 직접 공부하고 투자하는 것이 가장 좋은 방법이겠지만, 잘 이해가 가지 않고, 도움 받을 곳도 없다면 유튜브를 활용해 투자 전문가들의 조언에 따른 주식 선택도 좋은 방법이 될 수 있다.

나의 경우 2번의 방법을 쓴 후 최종 확인 차원에서 3번을 쓰기도 하고, 처음부터 3번의 방법을 쓰고 2번으로 돌아가서 최종 검토를 하기 도 한다. 어떤 것이 선행되든지 최종 선택의 나의 몫이고 나의 돈을 투자하는 것이기 때문에 신중하게, 나의 판단과 선택, 의사결정이라는 과정은 오롯이 내가 해봐야 한다는 것을 강조하고 싶다. 우연히 유튜브의 조언으로 적은 돈은 벌 수도 있게 지만, 결국 큰돈을 벌 선택을 해나가기 위해서 나의 역량을 키우는 것이 중요하기 때문이다.

유튜브에 배당주라고 치면 유명한 유튜브들이 많이 나온다. 배당주 투자를 실질적으로 본인이 하고 인증한 유튜브를 선택하는 것이 낫다. 채널을 오랫동안 운영해온 사람이 낫다. 오랫동안 방송을 진행해온 것 자체가 신뢰성을 높이기 때문이다. 구독자수 보다는 성실하게 양질의 영상을 꾸준히 올려왔고, 투자도 직접 하는 유튜브가 믿을만하다. 추천을 받을 후에도 꼭 온라인 써치를 통해서 검증해보고 투자하는 것이 중요하다.

TIP 푸리덤의 배당주투자(투자일기)

그럼 내가 투자하고 있는 배당주를 알려주겠다.(투자는 본인의 선택과 책임입니다. 주식에 대한 판단은 기업의 성장 모멘텀의 변화 등으로 계속 변화하니 투자시 참고만 하시기 바랍니다.)

1. 삼성전자

삼성전자는 대한민국 최고의 우량주이다. 시세차익 목적과 배당 목적으로 큰돈을 투자하였다. 1주당 361원정도의 배당금이 나온다.(2021년기준) 1년에 4회 분기마다 배당을 해주고 있다. 삼성전자는 대한민국 최고의 기업이고(시가총액1위), 반도체 외에도 먹거리를 분명히 개발해낼 잠재력이 있는 회사라고 판단하여 투자하였다. 재정상태도 좋고 영업이익도 증가하고 있는 추세이다. 투자 금액이 큰 사람들에게 안정적이며 (주가 변동성이 적다.), 배당금까지 주니 1석 2조로 개인투자자들에게 사랑받는 주식이다. 나도 삼성전자 주식을 포트에서 꽤나 많이 담았다. 모아가는 투자, 장기투자로 적합하다.

2. 스타벅스

나는 커피를 굉장히 좋아한다. 스타벅스에도 자주 가는 고객이다. 이런 스타벅스가 주식을 사면 배당금도 준다고 하여 투자하게 되었다. 스타벅스는 전 세계 매장을 가지고 있고, 그 매장 수가 꾸준히 늘어가고 있다. 점점 세계적으로 커피수요는 늘고 있고, 스타벅스란 브랜드의 독보적인 분위기 서비스를 아직 이겨낼 경쟁자가 없다고 판단했다. 스타벅스는 분기 배당을 하고 있고 0.45 정도 달러를 준다. 안정적인 주식이고(주가변동이 적다.), 스타벅스를 마시면서 주식까지 투자하니, 내가 투자하는 회사에 도움도 되고 배당금으로 맛있는 커피까지 다시 사 먹을 수 있으니 긍정적선 순환(positive-circulation) 이라고 생각한다.

3. AT&T/ 코카콜라

AT&T는 역사가 오래된 배당주다. 우리나라 KT같이 통신 서비스를 제공하는 회사다. 시세차익까지도 꾸준히 볼 수 있었는데 최근 배당금을 감소시키면서 주가도 조금 빠졌네요. 그래도 여전히 가지고 갈 수 있는 주식이라고 봅니다. 기업의 모멘텀의 변화는 없습니다. 신규 스트리밍 등 사업을 구상하고 있고, 경영진들의 주식 보유수도 안정적인 편입니다. 현재 + 상태에서 - 상태로 음전한 상태이지만, 여전히 배당주로써 가지고 있는 주식입니다. 배당주 입문 주라고 봐도 무방하다.

워런버핏이 투자하고 있는 코카콜라도 배당금을 주는 우량주입니다. 59년 동안 꾸준히 배당금을 증액시키며, 주주들에게 배당금을 거른 적이 없는 배당 귀족 주라고 합니다. 코카콜라는 전 세계인들의 입맛을 사로잡았고 펩시라는 경쟁자가 있지만, 대체 불가능한 음료라고 생각합니다. 건강관련 우려가 있을 수 있지만, 다이어트 콕 등의 건강 및 다이어트 음료의 개발이 지속되고 있고, 세계로 공급되는 양이 조금씩 증가하는 것을 보았을 때 기업의 가치가 지속될 것으로 보아서 투자했습니다.

아무래도 국내주식보다 미국 주식 쪽이 배당의 역사가 길어서 주로 미국 주식을 장기투자용으로 배당주에 투자하는 편입니다. 환율이 쌀 때 미국 주식을 모아가면 환 햇지도 될 수 있기 때문에 포트에 일정부분을 미국 배당주 주식투자로 구성하는 것이 좋다고 생각합니다.

결국 배당주 투자는 안정적인 자산운용이라는 부분이 중요하기 때문에 안정적인 포트를 구성하는 것이 중요합니다. 배당수익률과 배당금액 자체는 보는 것 보다 계속해서 성장해 나가면서 기업이익을 공유해줄 우량주식을 선택하는 것이 좋다고 생각합니다.

06 파이어족 소비습관

파이어족이 되려면 인컴(Income), 소득의 증대가 사실 소비관리나 절약 보다 더 중요한 것은 사실이다. 하지만 소비습관도 중요하다. 기본적으로 남들보다는 짠순이가 되어야 내가 생각한 목표에 도달할 수 있다. 파이어족이 될 때까지, 경제적 자유를 얻기까지는 제대로 된 소비습관을 가지고 생활해야 내 소중한 돈을 빨리 모을 수 있다. 또한 급여소득이 끊긴 후에도 소비 습관 및 관리 가 잘돼야 오랫동안 즐거운 파이어족 라이프 스타일을 유지할 수 있다. 나에게는 소비에 대한 원칙이 있다. 그럼 어떤 곳에 써야 하고 얼마큼 써야 할지 내 사례를 통해서 얘기 해보고자 한다.

1. 자기계발에는 돈 아끼지 마라.

직장인으로 이직을 통해 몸값을 올리기 위해서는 결국 자기개발은 필수이다. 근로소득을 늘리기 위한 자기계발을 위한 돈은 아끼지 마라. 예를 들어, 승진이나 이직에 관련한 자격증 취득에 투자를 해서 자격증 취득 후 승진을 하거나 자격증을 가지고 급여를 더 주는 직장으로 옮기는 것이다.

또한 투자 공부하는 비용을 아끼지 마라. 독서나 강의에 대한 투자는 아까워할 필요가 없다. 절약보다는 지불한 만큼 본전을 뽑기 위해 책 하나도 그냥 허투루 읽을 것이 아니라 밑줄도 치고 필사도 하고 암기도 해가며 최대한 이용하라. 사실 주변에 성공한 사람은 없고, 별 볼일 없는 사람들뿐이라면 결국 책을 통해 배우고 실천하는 방법밖에는 없다. 나는 엄청난 책벌레이다. 어릴 때 책을 읽는 가정에서 자라지는 않았지만, 성인이 된 이후 20살 때부터 책에 푸욱 빠져서 지금까지 거의 매일책을 읽고 책을 통해 인싸이트(insight)를 얻는다. 늘 주변에 생각이 갇혀있고 부정적인 지인들이 많았는데 이런 사람들과의 보내는 시간을 끊고 오히려 외롭고 고독하더라도 책과 함께하는 시간을 늘렸더니 그것이 오히려 실제 내 삶을 풍요롭게 해주었다.

2. 건강해지는 음식에 투자해라.

내 생각에 가난한 가정과 부유한 가정 사이의 차이가 음식이라고 본다. 우리 집은 가난한 가정에 속했다. 성인이 돼서 부자인 사람들과 어울려보니 우리 집과 식습관이 많이 달랐다. 여유 있는 가정은 고기를 잘 먹는다. (단백질 섭취를 고기를 통해서 충분히 한다.) 과일을 풍요롭게 먹고 자란다. 음식의 호 불호는 취향이고 선택이지만, 충분하고 다양한 영양소가 제공된다는 점이 확연히 차이가 났다. 뭐 요새는 채소가 많이 비싸졌지만, 여전히 한우 소고기나 브랜드 돼지고기는 비싸다. 어릴 때부터 나는 탄수화물 위주의 식사를 했으며 건강을 챙긴다고 나물종류를 많이 먹기는 했지만, 고기 구경은 거의 해 본적이 없다. 주로 반찬보다 밥을 많이 먹었고 국수 수제비 등 밀가루 음식을 많이 먹었다. 그 이유가 우리 집이 채식주의자여서가 아니라, 그저 돈이 없어서 고기구경하기가 힘들었던 것뿐이다. 두 번째로 과일이다. 나는 거의 과일을 먹어 본 적이 없다. 과일이 나 어릴 때는 지금보다 더 비쌌다. 내가 과일을 먹기 시작한 것은 동남아 여행을 다닐 때부터이고, 충분히 먹기 시작한 것은 우리 집에 언니와 내가 모두 독립하고 우리 집 네 식구가 모두 일을 하고 나서이다. 하지만, 지금도 엄청 고기나 과일을 즐기지 않는다. 과자랑 빵을 많이 먹었는데 지금도 좋아한다. 어릴 때 식습관 때문이다. 건강한 음식이 내 몸의 영양 상태와 컨디션 등을 결정하는데, 사실 음식에 소홀하게 살아왔다. 하지만 건강의 중요성을 깨달은 이후로는 최대한 가공식품은 피하고 골고루 여러 가지 영양소를 섭취하려고 노력하는 중이다. 오늘 내가 먹은 음식이 미래의 나 그리고 내 후대 생명에도 영향을 주는 것이므로 건강관리를 꼭 해야 하며 먹는 음식에 절대 돈 아끼면 안 된다. 돈을 펑펑 쓰라는 것이 아닌 저렴하게 원재료를 사서 시간을 투자해 요리 해먹기를 바라는 마음이다. 한때 편의점 삼각 김밥, 도시락과 컵라면으로 살았던 시간 속에서 내 피부와 몸이 망가지는 것을 직접 경험해봤기 때문이다.

3. 나보다 나은 사람에게 밥을 사라.

내가 일전에 파이어족에 대해 나만의 주관적인 정의를 내렸듯이, 파이어족이 된다는 것은 결국 하고 싶은 일을 하며 행복한 삶을 사는 것이다. 내 주변을 둘러봐라. 긍정적이며 발전가능성 있는 사람, 나를 돋우어 주고 격려해주는 사람들로 가득 채워져 있는가? 가족들과의 인간관계도 체크해봐라. 진정 나를 사랑해주고 지지해줄 사람들로 구성되어있는지? 이런 환경에 처해져 있는 사람이라는 정말 행복한 사람이다. 그렇지 않은 사람들은 주변에는 비난과 비판에만 혈안이 되어있고, 남의 도전을 비웃고 깎아 내리는 사람 등 무엇인가를 하는 사람을 시기하고 질투하는 사람들로 가득한 경우가 많을 것이다. 그렇다면, 내 주변 환경을 바꿔 줘야 한다. 부자를 만나라는 것이 아니라 내가 배울 수 있고 나와 함께 성장할 수 있는 그런 나보다 더 나은 사람을 만나라는 것이다. 그런 사람에 밥을 사며 먼저 다가가고 베풀 수 있는 사람이 되어야 한다.

내 주변에 나를 지지해주고 내 생각을 함께 공유할 수 있었던 사람들이 내 인생 전체에서 몇몇 있었다. 하지만, 내 이상과 계획들을 무시하고 비웃는 사람들이 더 많았다. 매사에 부정적이고 시샘과 시기 질투를 하며 사는 사람은 더 많았다. 나도 파이어족이라는, 내가 내 삶을 설계하고 그렇게 나아가도록 만들어 가는 삶에 대한 구체적인 목표가 서기 전까지는 친한 친구라는 이유로, 가족이라는 이유로 이런 사람들과 시간을 보내면서 휩쓸려갔고, 그럴 때마다 내 목표나 의지는 희미해지고 삶은 잘못된 방향으로 갔다. 새로운 삶을 살기로 결정 한 이후 나는 앞으로 성장하고 발전하는 꿈이 있는 사람들로 주변을 채워 가기로 했고, 방해가 되는 사람(훼방꾼)들은 점점 멀리 하며 내 삶의 목표나 가치관이 좀 더 견고하게 하여 이런 사람에게 휘둘리지 않도록 만들어 갈 것이다.

4. 꼭 필요한 것만 사라.

집을 둘러봐라. 우리가 꼭 필요한 것들로 채우고 있는지? 보통 'No'아닐 것이다. 우리 주변은 수많은 불필요한 것들로 채워져 있다. 몇 년째 입지 않은 유행 지난 옷들, 예뻐서 구매한 화려한 그릇들, 화려한 액세서리, 읽지 않은 책까지⋯⋯.사실 사는데 필요한 것은 이것저것 버리고 나면 몇 가지 되지 않는다. 버리고 사고를 반복하며 여기까지 왔다. 이번에 새로운 집으로 오면서 비우고 또 비웠다. 내 가치관에 부합하는 삶을 살기 위해 미니멀 라이프를 실천하는 삶을 목표로 세웠음에도 다 비우지는 못했다. 버리고 사고를 몇 번을 반복했다. 지금도 100프로는 아니지만, 많이 비웠다. 심플한 집과 공간이 좋다. 조잡했던 장식품들, 살 빼고 입어야지 쳐 박아 뒀던 옷들, 몇 년째 들고 다니지 않았던 가방까지... 나는 아직도 갈 길이 멀다. 이제는 잘 사지 않는다. 한번 집에 들인 물건과의 이별이 이렇게나 힘들다. 쓰지도 않을 그 물건을 구매하기 위해 소중한 내 시간을 맞바꾼 그 돈을 길바닥에 버린 셈이다. 이제는 잘 사지 않는다. 그리고 사기전에 꼭 물어본다. 이게 정말 내가 필요한 물건인지. 어쨌든 내 집에 들어온 물건이라면 최대한 쓰려고 노력하고 쓰지 않는 물건은 무료 나눔을 하거나, 중고 마켓을 통해 판매한다. 이번에 새집으로 이사하며 10개가 넘는 작은 전자제품과 가구를 무료 나눔 했다. 50L 쓰레기봉투를 4장 넘게 썼으며, 대형폐기물 처리비용 5만원이 들었다. 중고마켓거래로 10만원을 만들었다. 지금도 비우고 사지 않는 삶을 실천 중이다.

5. 기부-세상이 더 나아지도록

돈을 쓸 때 일정부분 선한 영향력이 미치는 방향으로 쓰려고 노력하고 있다. 대학교 때는 아르바이트 비용의 일부로 아프리카 아이에게 1:1 매칭을 통해 2년 정도 후원을 했다. 외국에 가기 전까지 편지와 사진도 주고받았다. 사회생활을 할 때에는 필리핀에 큰 태풍이 불어서 현지 친구의 집에 큰 사고가 일어났다. 필리핀 친구의 도움 요청을 받고 은행에 가서 송금을 해주었다. 사정이 어려운 친구의 부모님 병원비를 보태기도 하였고, 현재는 사회보장협의체에 일정부분을 기부한다. 살면서 여유가 있든지 없든지 주변에 도움이 필요한 곳이 있으면 그래도 나름대로 도우려고 노력하면서 살았다. 세상에 작은 돈이지만, 어떤 이의 삶에서는 구세주 같이 느껴지는 소중한 돈이 될수 있기 때문이다. 돈을 버는 것도 중요하고 아끼는 것도 중요하다. 돈을 쓸 때 원칙을 가지고 소비하는 것도 중요하다. 하지만 인생에 한번쯤은 소비를 하면서 일정부분은 세상을 좀 더 긍정적이고 밝은 세상으로 만들어 갈 수 있도록 일조하는 곳에 돈을 써보면 어떨까? 돌고 돌아 돈이라고, 남을 돕기 위해쓴 돈은 다시 내가 도움이 필요할 때 꼭 돌아 올 것이라고 믿는다.

07 파이어족의 성공과 실패

1. 성공기

파이어족이 되기로 결심하고 돈을 모으는 과정에서 첫 집을 구매하였다. 여러 가지 재테크와 금융, 자본주의에 대한 공부를 한 후, '현금을 실물자산으로 바꿔라.' 라는 부분에 깨달음을 얻어 첫 집을 구매 하게 되었다. 누구의 도움 없이 오롯이 내가 공부하고, 지역을 선정하고, 각종 부동산 사이트를 뒤지고, 공인중개사를 만나서 50곳이 넘는 아파트와 주택을 본 후 구매한 첫 집이었다. 등기가 온전히 넘어오기까지 혹시 사기 당하지는 않는 것인지 엄청나게 떨렸다. 계약서 작성할 때부터 등기가 도착할 때까지 그 떨림, 두려움, 설렘이 아직도 잊히지 않는다.

첫 집 등기가 끝난 후 이 집에서 여러 가지 일이 있었지만, 첫 집의 구매를 통해서 나의 첫 자본주의에서 투자라 발걸음의 시작되었다. 담보 대출 50%정도 끼고 샀는데, 원금 균등상환으로 다달이 열심히 갚아 나갔다. 뚜렷한 목표가 생기니, 저절로 절약도 하게 되었고 보너스 등 예상치 못한 돈이 생겼을 때 따로 통장에 모아서 일정 금액이 생기면 대출회사에 전화하여 조금씩 갚아나갔다. 나만의 오롯한 공간이 생겨서 행복했고, 나도 할 수 있다는 자부심을 가지게 되었다. 이후 욕심이 더 생겨서 두 번째 집을 투자용으로 구매하게 되었다. 내가 직접 시장에 참여 하게 되니 부동산이나 투자에 대한 공부가 지루하지 않고 무척 재미있었다. 두 번째 집에서는 처음으로 월세가 나왔는데 월급 외 머니 파이프라인이 생기니 돈이 예전보다 빠른 속도로 모아졌다. 현재 부동산 대책 등의 변화에 의해 부동산 투자 방식이 많이 바뀌기는 했지만, 내가 돈을 모으고 벌게 해준 데에 가장 안정적이면서 리스크(risk) 없이 투자할 수 있었던 것은 부동산이었다. 든든하게 부동산을 깔아놓고 나머지 주식 등으로 옮겨서 투자를 했는데, 진득이 부동산을 기다리는 심정으로 주식도 차분하게 해나갔다.

투자를 떠나서 나만의 오롯한 이름, 명의로 부동산 등기 한번 쳐보는 것은 정말 추천한다. 여러모로 인생에 많은 긍정적 변화를 가져온다. 삶의 가치관도 변화고 소비습관과 생활습관에도 다 영향을 주었기 때문이다. 빠르면 빠를수록 좋다. 적어도 35세 전에는 집 한 채 갖는 것을 목표로 하자!

2. 실패기

나는 수준에 맞지 않는 과소비와 충동소비로 인해 파이어족이
되는 시기를 지연시켰다. 독자들은 이러한 소비는 꼭 지양해
야 한다. 나는 과소비 습관이 있었는데, 어린 시절 풍족하지 못
하게 자라서 그것에 대한 보복 소비와 충동적 소비를 많이 했
다. 돈을 잘 모으다가도 목돈이 생기거나 하면 힘들게 모은 돈
으로 큰 소비를 하곤 했다. 또한, 신용카드로 과소비를 했다.
해외여행을 가기 위해 카드를 결재했고 다달이 할부를 했다.
남에게 있어 보이기 위해서 나의 사회적 지위나 월급 수준에
맞지 않게 명품가방을 사기도 했다. 늘 주제에 맞지 않는 과소
를 한 후 그 후 폭풍은 거셌다. 예를 들어, 유럽으로 해외여행
을 갔을 때, 10일정도 여행 비로 500정도가 소요되었고, 돌아
온 후 내 적은 월급으로 6개월 동안 갚아나가야 됐다. 매달 카
드 값 걱정을 하였고, 카드 값을 내기 위해서 생활비를 확 줄였
어야 했는데 그 동안 궁핍한 생활을 하며 엄청난 스트레스를
받기도 했다. 마음이 헛헛하고 외로울 때는 필요 없는 조잡스
러운 싸구려 옷을 일주일 몇 번씩 시키기도 하였다. 충동소비
는 그때뿐이었고 늘 그 이후 결재했던 비용은 내 몫의 책임이
되었다. 지금은 이러한 습관의 80-90%정도는 고쳤다. 이러한
소비습관을 가지고 있다면, 파이어족이 되는 시간이 오래 걸

릴 뿐만 아니라, 파이어족으로 회사 퇴사 후에도 가진 자산을 갉아먹게 돼서 다시 원치 않은 일을 하러 직장에 나가야 할 수도 있다. 인생은 짧으면서도 길다. 인생이 짧기에 파이어족이 되어야 한다, 오롯한 나만의 삶을 위해서!

아이러니하게 그리고 인생은 길다. 인생이 길기에 그 삶을 지속하고 지탱하기 위해서 돈을 관리하고 소비에 원칙을 세우고 살아야 한다. 나쁜 소비습관은 꼭 뜯어고칠 수 있도록 노력해야 한다.

08　파이어족 마음가짐

지금 참고 나중에 즐겨라-

파이어족이 되기 위해 준비하는 과정부터 그 이후의 삶까지 우리는 늘 마인드 컨트롤(mind control)을 해야 한다. 내가 원하는 삶이 어떤지, 어떤 삶을 살아갈지, 또한 살아가면서 잘못 생각한 것이 있다면 올곧은 방향으로 나아가도록 끊임없이 생각하고 독려하고, 행동해 나가야 한다.

1. 목표를 세워라.

일단 파이어족이 되려고 한다면 왜 파이어족이 되고 싶은지, 인생의 목표와 방향성에 대해서 곰곰이 생각해봐야 한다. 글로 생각을 정리해 가고, 계획이 수정될 수도 있으니 늘 방향성을 잃지 않도록 쓰고 고치고를 반복해야 한다. 인생은 우리가 생각하는 것처럼 흘러가지 않으니 한번 세운 목표가 꼭 그 목표여야 하는 것은 아니다. 일단 써라. 써보고 해보고, 또 고치기도 하고 지속하다 보면 진정한 나의 목표가 세워질 것이다. 목표가 있어야 변화를 만들어 갈 수 있고 앞으로 나아갈 수 있다. 지칠 수는 있어도 포기하지 않을 수 있다.

2. 공부해라.

파이어족이 되기로 마음먹었다면, 당신이 자본주의 사회에 사는 한 자본주의와 경제 공부는 무조건 해야 한다. 얼마의 자산과 금액을 가지고 퇴사했던 간 각자의 사정은 다르겠지만, 결국 퇴사 후 내가 가진 자산과 현금을 운용하고 지켜 나가야 되기 때문이다. 내 돈을 잃지 않으려면 부동산이든 주식이든 무조건 자본과 경제에 관해서는 미리미리 공부해야 한다. 모든 것을 한 번에 습득하고 이해 할 수는 없다. 지금 어떤 시점이든지 간에 파이어족이 되기로 결심한 사람이라면 지금도 늦지 않았으니 당장 공부를 해라. 이 세상에 믿을 것은 나 하나 이다. 어떤 사람도 나를 대신해 내 인생을 살아주거나, 책임져 줄 수는 없다. 그것이 부모나 가족이라도 말이다.

3. 죽지 않을 만큼 돈 벌자.

생각 보다 우리의 생명력은 질기다. 내 스스로 살아가기를 포기하지 않는 한 극한 상황 속에서도 나도 모르는 힘이 나오기 마련이다. 위에서 말했듯이 특별한 기술을 보유하지 않는 사람이라면 시간과 노동력 투입을 통해서 어떻게는 종자돈을 만들어내야 한다. 몸이 고되다고 할지라도 잠시 목표한 것을 이루는 시간 동안에는 잠도 줄이고 여가 시간을 줄이면서 어떤 고생을 불사하더라도 일하고 돈을 만들어 내야 한다. 우리의 목표는 부자가 아니지만, 그렇다고 아무것도 없이 구걸하거나 의지하며 살아가는 거지나 기생충이 아니다. 내 자유와 인간의 존엄성을 지키기 위해서 목표한 것을 이뤄 나갈 때까지는 죽지 않을 만큼 일할 정도로 치열하게 일하고 돈을 벌자. 여기는 자본주의 세상이고 세상은 냉혹하다. 어쩔 수 없이 우리는 수단으로써의 돈이 필요하다.

4. 사표를 써라.

1번에서 3번의 과정이 완성 됐다면, 4번의 단계의 기로에 섰을 것이다. 직장인을 살아갈 것인지 직장 밖에서 무엇인가 새로운 삶을 도전할지 말이다. 사실 이 책에 쓴 것처럼 이 책은 4번의 기로에 있는 저자의 '평범한 흙 수저 직장인 파이어족 도전 기.'이다. 우리의 목표는 결국 퇴사 후 삶이지만, 꼭 1~3번을 완성한 후 꼭 퇴사를 해야 할 필요는 없다고 생각한다. 퇴사 후 자기 사업을 할 수도 있고, 오히려 자본을 축적해보니 회사를 더욱 다니고 싶을 수도 있다. 아니면 퇴사 후 세계 일주를 마치고 다시 직장생활을 하거나, 평생 프리랜서로 적당히 일하며 즐기는 삶을 사는 것을 택할 수도 있는 것이다. 이 책에서는 결국 1~3까지의 방법을 제시한 것이다. 사표를 써라! 라고 말했지만, 이것은 개인의 선택이다. 앞서 말한 것처럼 파이어족은 무조건 회사를 다니지 말아야 하고 집에서 빈둥대면서 노는 것이 아니기 때문이다. <u>개인의 자유, 인간으로서의 존엄성, 자신이 추구하는 자아의 실현, 나아가고자 하는 삶을 실천하는 것이 파이어족이라고 생각하기 때문에, 어떤 일을 하던 어떻게 살든 형태만 달라지는 것이지 진정 자신만의 파이어족이 될 수 있는 것이다.</u>

5. 지금은 참고 나중에 즐겨라.

결국 목표를 위해서 인고의 시간은 필요하다. 지금 참아야지 추후를 도모할 수 있다. 나도 나약한 사람인지라 지금 이 만큼 나의 목표를 이루기까지, 많은 시행착오와 실패가 있었다. 참는 것, 견디는 것은 늘 내 삶에서 도전 과제이다. 포기도 해보고 도피도 해봤지만, 결국 원점으로 돌아가서 다시 시작해야 된다. 영원한 도망은 없었다. 내가 간절히 원하고 이루고자는 목표에 대한 열망은 늘 다시 피어 올랐고, 포기 했다가 돌아왔을 때에는 늘 제로베이스로 다시 시작해야만 했다. 파이어족이 된다는 것이 사놓은 집이나, 모아놓은 현금, 그리고 퇴사로 심플하게 매듭지어지는 것이라고 생각하지 않는다. 하지만, 이 작은 목표하나 이루는 데에도 많은 노력과 시간, 용기가 필요했다. 지금 참고 나중을 즐길 수 밖에는 없었다.

6. 푸리덤의 파이어족 이야기

흙 수저로 태어나 가난한 게 죽도록 싫었다. 평범한 대한민국 직장인이 되어서 무의미한 하루를 무기력한 상태에서 정신 없이 쫓기듯 살아내야 하는 것도 싫어졌다.

어릴 때 나라는 사람은 감수성이 풍부하고 끼가 많은 아이였다. 예·체능 쪽에 관심이 많았고 소질도 있었다. 초등학교 때는 그림을 잘 그려서 국립현대 미술관에 그림이 전시되기도 했고 학교 내·외에서 미술 관련된 상도 많이 받았었다. 더 어린 유치원 시절에는 남 앞에서 말하고 발표하고 나대는 것 좋아하는 아이였다. 어릴 적부터 고등학생 때까지 연극·영화 활동도 했었고 그만큼 끼가 다분하고 조금은 톡톡 튀는 학생이었다. 미술 쪽으로는 패션디자이너와 의류관련 CEO를 꿈꾸거나 쇼호스트나 연극배우 같은 방송 관련 일에 관심이 많았었다. 하지만 우리 집에서는 예술 활동을 도와줄 여력도 없었고, 부모님은 이런 꿈들이 밥 굶기 좋은 직업이라며 나의 꿈을 도와줄 수가 없었다. 부모님인 그저 대학교 졸업하고 밥벌이나 하는 월급쟁이가 돼서 살아가는 일반적인 삶을 강요했다. 부모님도 흙 수저로 태어나 간신히 애들 낳고 그저 먹고 살아가기 바쁜 사람이었기 때문이다. 이런 부모님을 원망 해 본적이 수없이 많지만 30대가 된 지금 조금은 부모님을 이해하게 되었다. 한지만 결국 나는 돈 때문에 돈이라는 것 때문에 하고 싶은 일을 하거나 하고 싶은 것을 온전히 선택 한 적이 없었다. 중학교 때부터 사회생활을 하며 내가 내 손으로 돈을 벌었을 때 그때 비로소 그래도 조금이라도 선택을 할 수 있게 되었다. 하지만 그때 했던 선택이라는 것도 결국 부모님이 시켜주지 않는 통닭을 내 손으로 사먹을까 말까 하는 그런 정도의 선택이었다. 나의 삶은 결국 부모님이 제시해준 평범함이 최고라는 삶과 사회가 가난하게 태어난 사람에게 정해준 삶 정도였다. 나는 오랫동안 현실을 부정해보고 도피 해보기도 했다. 하지만 수없이 실패하고 결국 포기했다. 나도 나라는 인간에 대해 한계를 지으면서 살아왔다. 그래서 결국 지금의 평범한 월급쟁이인 나라는 사람이 만들어졌다. 하지만 가슴속 깊은 곳에 나에게 끓어오르는 불덩이는 식을 줄 몰랐다. 결국 내가 원하는 것은 돈 때문에 질질 끌려가는 삶, 돈 때문에 포기하는 삶이 아니었다. 내가 원하는 삶, 자유로운 삶에 대한 동경과 갈망이 늘 현실과 싸워왔다. 방법을 찾기 시작하여 수많은 개 같은 선택을 하고 실패를 했지만, 어느 순간 포기하지 않기로 결심했다. 도전보다 포기와 순응을 배웠지만, 이제는 도저히 그렇게 살지 않겠다는 결심이 서는 순간에 왔다. 그 이후로 파이어족을 알게 되고 다시 꿈을 꾸게 되었다. 어떻게 하면 자본주의 세상에서 우리 부모님과 사회가 정해준 삶을 살지 않게 살까에 대해 치열히

<u>고민하고 실천해 온 이것이 나의 흙 수저 파이어족 이야기이다.</u>

책을 쓰면서 많은 고민을 했다. 파이어족 성공기도 아닌 파이어족 도전 기를 내가 과연 적어나가도 괜찮을까? 라는 생각을 많이 했다. 하지만 내가 가는 길에서 얻었던 배움 들이 누군가에 도움이 되길 간절히 바랐기에 끝까지 책을 완성할 수 있었다. 파이어족이 되기 위해 누구보다 열심히 살아온 나에게 드디어 선택을 할 수 있는 기회가 생겼다. 직장을 계속 다닐 것인지 사업을 할 것인지, 아니면 여행하며 책 쓰는 작가가 되어 볼 것인지. 아마 내년에는 퇴사를 할까 생각 중이다. 이 책은 나같이 주변에 아무도 조언해주지도 공감해주지도 않은 외로운 흙 수저 예비 파이어족을 위한 책이다. 이 책을 통해서 그래도 마음도 치유하고 나아갈 방향에 대해서 조금 더 다듬을 수 있는 시간을 가져봤으면 좋겠다. 첫 책이니 만큼 부족하고 아쉽지만 1명이라도 이 책을 통해 우리네의 삶에 대해서 깊이 고민하고 당신만의 삶의 방향을 잡는다면 행복할 것 같아. 나도 책을 통해서 지난 삶에 대해서 많은 생각을 할 수 있었고, 퇴사와 앞으로 살아갈 나의 삶에 대해서 정리할 수 있는 시간을 갖게 되었다. 앞으로 계속해서 온전한 나의 삶에 대한 고민은 계속 될 것이며 한 번 더 도약하여 다음 책에서는 나의 파이어족 성공

기(생존기) 로 두 번째 책을 집필한 예정이다. 이 책을 구매해 주시고 읽어주신 독자님들께 감사하다는 얘기를 드리고 싶다.

나에게 파이어족이란

영원히 일안하는 백수가 되어 빈둥빈둥 노는 삶도 아니고 대단한 부자가 되어 미친 듯이 먹고 마시는 흥청 망청의 삶도 아니다. 다만 멋지게 오롯이 내 삶을 선택하며 온전한 내 모습으로 내 방식대로 살아갈 수 있는 삶이다. 엣지 있게!

판권정보

평범한 흙수저 직장인의 파이어족 도전기
흙수저 파이어족이 되려고 내 집부터 샀다

발행일 2022년 4월 5일

지은이 | 푸리덤
펴낸이 | 마형민
편　집 | 윤재연, 신건희
표　지 | 신건희
펴낸곳 | 페스트북 https://festbook.co.kr

ISBN 979-11-92302-55-3 03320
값 13,000원